# 什麼是思想史

陳正國　著

# 序

曾經看過一則有著知識人類學興味的笑話，大致如下：

「如果你要一個法國人去研究駱駝，他會選擇在某個週日下午帶把傘出門，先到一座咖啡館坐下，點杯咖啡，讀點報紙。等到稍晚時分，怡然信步到附近的動物園，走近駱駝，用傘尖戳一下這生物，略事觀察。然後轉身回家，花半小時寫就一篇雋永慧詰的論文小品。如果你要一位英國人研究駱駝，他會花兩年時間，周詳的準備帳篷、手電筒、望遠鏡、鍋碗瓢盆等各式露營所需的裝備，然後開拔到沙哈拉沙漠駐紮兩年，仔細觀察駱駝的作息。返國後，他會交給你厚厚兩大疊充滿各種事實，卻毫無組織可言的觀察報告。如果有個德國人要研究駱駝，他會直接走進書房，關上門栓並開始思考。當他在半年後重啟書房大門時，他會繳出一套六大冊的鉅著，標題為《駱駝精神現象之形上學研究》。」

近百年來，歐美歷史學界研究人類非物質文化——如信念、價值、邏輯、觀念等等——

以及這些非物質因素對重大歷史事件的影響時，也有法、英、德三種語系各自擅場的書寫形態，分別是法國的 l'histoire des mentalité（心態史）、英美的 history of ideas（觀念史）與 intellectual history（智識史或思想史），以及德國的 Begriefsgeschichte（概念史）。中文學界近一百年所實踐的「思想史」研究與寫作，固然有中國史自身的長遠傳統，但其吸收外來學術觀念與紀律的部分，則明顯接近英美的觀念史與智識史，此為本書之所以側重英美「思想史」輪廓之描述的主因。

本書初稿係為上海三聯書店「樂道文庫」而作。感謝叢書主編羅志田教授以及推薦人王汎森教授垂青，囑我負責撰寫他們最擅長的思想史一冊。二〇二二秋天在完成簡體字版後，便開始思考繁體字版的出版。與簡體字版相比，本書主要論點並無不同，但增加了些許篇幅，主要是台灣學界更熟悉，可能會更感興趣的思想史故事。筆者尤其要感謝聯經出版公司所邀請的兩位專業審查人，他們所給予的建議大大幫助了本書的修改。樂道叢書的旨意是為大眾讀者編寫一套學術入門書籍，希望大家樂在閱讀。但筆者私心以為，思想史一題並不容易普羅化，所以雖然本書行文刻意表現出一定程度的口語化，但自寫作伊始便設定將此書獻給對「什麼是思想史」有足夠好奇與志趣的大學生，尤其是歷史系學生，同時希望此書的論點與論證對博士生與年輕學者而言，同樣夠具挑戰性。

本書以英語世界的思想史之初軔、發展、沿革與優缺點為討論的重點。英語世界對思想史的介紹其實不少，讀者可以從註釋中得到一些出版資訊。此外有幾本值得參考的相關著作，但本書並未徵引，其中包括 Brian Young & Richard Whatmore (eds.) *A Companion to Intellectual History* (Chichester: John Wiley & Sons, 2016). Brian Young & Richard Whatmore, *Palgrave Advances in Intellectual History* (Palgrave, 2006). Richard Whatmore, *What is Intellectual History* (Cambridge: Polity, 2016)。有興趣的讀者可以自行翻閱並比較它們之間以及與本書之間的差異。大抵而言，本書與多數英文相關著作不同之處有以下數端。第一，本書刻意從歷史學的本質開始談起，強調思想史是歷史學的一支次學科。第二，透過與其他次學科，尤其是姊妹學科如政治史、經濟史、文化史等的比較，本書希望從學科邊界的角度說明什麼是思想史。第三，多數英語著作強調思想史中的所謂「劍橋學派」，本書則花相當篇幅在於講述北美觀念史的濫觴，尤其是觀念史興起的知識社會學背景。第四，與多數英語著作強調「劍橋學派」的做法不同，本書強調劍橋思想史史家的多樣性，並且評議以史基納為首的脈絡史學的本質及其局限。第五，或許也是本書最希望深論者，本書認為歷史研究莫不受到當地歷史與知識興趣的影響，這也是「跨境思想史」與「比較思想史」之所以在中國與東亞特別重要的原因。本書認為東亞的歷史條件與社會情境，使得此地思想史家必須嚴肅思考跨境與比較思想史寫作的問題與挑戰。

感謝沙培德（Peter Zarrow）教授、李峙皞博士、邢義田教授、陳建元博士、陳禹仲博士、傅揚博士、渡邊浩教授閱讀本書草稿，並提出許多受用的意見。張存一先生仔細校對過文稿，聯經出版公司的編輯與校對協助，讓本書可以順利出版。對上述前輩、學友、審查人以及年輕朋友的厚意與辛勞，筆者由衷感激！惟書中所有舛陋概為作者之責。

本書主體完成於客居北美普林斯頓的二〇二二初夏。感謝傅爾布萊特基金會與普林斯頓大學東亞系在二〇二一年春天新冠肺炎初顯緩和的空檔，慷慨同意開放並補助跨國學術活動，讓筆者有機會在此學術小鎮生活一年。感謝該大學的一切設施尤其是圖書館對本書寫作的助益。本書的增補與最後修訂完成於筆者讀書思考的例行場所——中央研究院，感謝她在精神與物質上的所有協助。願以此書獻給隨筆者到普鎮生活，告別各自的朋友一年的家人。

二〇二四 南港

## 目次

# 第一章 「思想史」——從詞到義

顧名思義，「思想史」是研究思想的歷史。但什麼是思想？何種思想應該、值得成為歷史研究對象，則受各國史學發展的影響而有不同的答案。思想史在不同的學術傳統中會呈現出不同的色彩，會有各自的方法學上的偏重，叩問不同的歷史課題。例如「中國思想史上的轉型」是此間史家的重要課題，而在西歐，學者更常追問的課題是重大政治事件如法國大革命、英格蘭內戰、北美獨立運動的意識形態基礎或思想淵源。職此之故，無論是作為一種概念還是一種寫作類型，思想史都有其自身的歷史，所有對思想史的定義都是開放性而非終極或確定的。

今日「思想」一詞，大抵指涉心靈與心智活動的過程與產物。這一詞彙出現的時間其實相當晚，用以代表一種特定學術類型的時間則更晚出。「思想」應該是晚清作家們借自日本漢字的新鑄詞；古人在談論心智活動時，多半會（單）用「思」、「悟」、「會」、「知」等字來表示。[1]一千九百年之前中文文獻中的「思想」一詞，幾乎都是「思」或「想」的疊詞，意思相當於現代白話文「思念」、「想念」。晚清以後，「思想」才開始被用來指涉理性活動本身，或指涉人類利用理性思維所創造出來的事物，諸如抽象的觀念、價值、態度、評價、以及與這些觀念與價值相關的具體作品等等。換言之，在晚清以前，「思想」指涉感性的活動，此後才成為具反思性的心智活動及其產物。一九四〇年代，錢穆（一八九五－一九九〇）寫道：「西方學者每言經濟決定思想。若此而論，則中國今日所流行之代表思想，亦即一種次殖民地之思想也。」[2]錢穆在此處顯然是以思想一詞來統括所有有關價值、觀念、語言、文本、創造等等心智活動的產物了。

「思想」、「主義」、「民主」這一類的新鑄詞、新觀念在加入中文詞彙世界之後，經常還保有相當的涵括性、彈性、不穩定性——以至於人們在使用它們的時候，如水之流瀉，難免漶漫。近年動物權崛起，有些學者會提出「動物是否有思想」這樣的原則性或哲學問題，這裡的思想顯然包括思考、理性的意思，甚至指涉所有的心智與心理活動。[3]但在另一方面，「思想」又常常被拿來標示一種特定學術研究取徑、研究方式或寫作類型。例如許多學

1　比較特別的是佛教文獻中常出現「想」，指人心智活動。所謂「五蘊」，其中之一是為「想」（與色、受、行、識並列）。不過相對於真諦，凡人的「想」常糾纏著妄，並不是特別正面的活動。如果日本的「思想」是從漢字佛教經典傳入，那麼從日本反傳至中國的「思想史」反倒是個有趣的反諷，因為從佛教文化來說，人的思想是要時刻被揚棄、否定的東西，無需，也不應該被記錄下來。佛教要眾人明白的道理，最多只表現在經說，不在歷史。

2　錢穆，《政學私言》（新北：聯經出版事業公司，一九九八），頁一六四。

3　中文世界常見的「動物有無思想？」其實是不精確容易誤導的句法。動物不只有知覺、能表達情緒與情感，動物也會思考，有些動物甚至會做出符合理性的判斷。但如果我們承認，所謂思想是特指文字文化的產物，沒有文字的動物就不可能有思想。從這個角度講，思想史的研究對象不是思考主體而是人類文化，是研究文化現象的一種特定方法。Clive D. L. Wynne, *Do Animals Think?* (Princeton: Princeton University Press, 2004).

者會使用「文學思想」、「哲學思想」等詞彙，好像文學思想有別於文學，哲學思想有別於哲學一般。這些現象其實不能怪大眾與學者在使用思想一詞時過於輕率，而是我們現代中文的語言與學術經驗還相對年輕；我們還在摸索、試驗現代中文如何精準表達快速膨脹的現代學術。

梁啟超（一八七三—一九二九）或許是最早使用「思想」一詞的著名作家。他的〈論中國學術思想變遷之大勢〉（一九〇二）將「學術」與「思想」連用，既預示了日後思想一詞的氾濫，同時開啟了中國現代思想史研究的大門。許多當代傑出的中文思想史家如余英時（一九三〇—二〇二一）與葛兆光（一九五〇—）等人都認為思想史的研究對象應該盡量廣取，不應限制在菁英知識分子身上。本書將會對此議題提供淺見，在此我們僅須注意，史家們之所以希望擴大思想史研究範圍，固然有嚴肅的學術理由，但現代中文學術用語中，思想（史）一詞具有語意的延展性、概括性也是重要原因。

古代中國沒有「思想」一詞，不表示古人未曾研究「人類心靈與心智活動的過程、結果與影響」。即便從現代思想史的角度看，《莊子》〈天下篇〉與《史記》〈太史公論六家要旨〉描述前代學術或思維成果的狀況與利弊得失，完全可以視為精彩的學術思想史作品。〈天下篇〉與〈太史公論六家要旨〉在體例與書寫風格與今日學院實踐迥異，固無庸贅言，尤其是《莊子》的作者感慨「道術為天下裂」，司馬遷追求「通古今之變」都透露古代偉大作家行文思考帶有形上意義、整體史的關懷，與今日高度分工與強調實證的現代史學大相逕庭。但無論如何，把〈天下篇〉與〈論六家要旨〉視為人類早期的思想史著作，應該沒什麼疑義。甚至將《史記》中的〈屈原賈生傳〉、《漢書》〈董仲舒傳〉與現代思想傳記相比，雖然古代史書中思想描述的濃稠度明顯不足，但其寫法與現代思想傳記之間仍有許多可比較之處。

從先秦〈天下篇〉、漢代〈太史公論六家要旨〉到正史中的〈儒林傳〉、〈藝文志〉再到清初《明儒學案》、《宋元學案》，都說明了「學術史」本來就是中國的重要書寫傳統。只是梁啟超將思想與學術兩詞並舉，其真正目的並不容易揣度；或許任公是有感於傳統學術「史」的書寫過度強調生平、書目、版本、校勘、以及師承、交往、學派，對於觀念的分析，辯證的過程，理據預設的說明與鋪陳，亦即有關「思考的故事與其現實目的」較少交代，亦未可知。幾乎與〈論中國學術思想變遷之大勢〉發表同時，陳懷（一八七七—一九二二）在《新世界學報》發表的〈學術思想史之評論〉（一九〇二）同樣將「學術」與「思想」連用。陳懷說，「學術之辨，史氏之大宗」；指的就是中國的學術史傳統。他又說，人面對萬事萬物，自然會「結而為思想，發而為學術」，這就是既強調思考的成果，也強調其中的過程。[4] 或許可以這麼說，中國近代「思想史」的發軔是以特殊的「學術思想史」這一文

4　陳懷直言，「學術之辨，史氏之大宗」。又說，人面對萬事萬物，「結而為思想，發而為學術」。陳懷，〈學

類或概念進入讀者視野的。質之〈論六家要旨〉、〈藝文志〉、甚至後來的《宋元學案》、《明儒學案》、清代注重家法與師承的樸學等傳統，此一特殊現象並不特別令人訝異。但正如本書以下所要交代，此一特色固然造成中文世界有相對豐富的學術史材料，卻遮掩了其他思想史次類如政治思想史、經濟思想史、科技思想史等等領域的重要性。

術思想史之評論〉，《新世界學報》，九期（一九〇二），頁四三—四四。感謝王汎森先生告知陳懷文章。

# 第二章　思想史的學術意涵

儘管中國傳統歷史載記中有精彩的思想史內容，但今日我們談論思想史的時候，完全是從現代歷史學學科的背景來理解的。這意思是說，思想史是歷史學大家族的一支，她與其他分支共享了歷史學的基本信念——求真，但對於什麼是重要的歷史事實，如何求真，如何解釋重要的歷史事件與現象，不同分科之間則有不同的定見。往壞處說，不同分科會形成陌路甚至黨同伐異的現象；往好處想，不同的分科分別呈現了廬山——歷史——的不同面貌與面向，歷史也因此才真正成為立體圖像。

既然思想史是現代歷史學發展中的一支分流，中國思想史也必然會隨著現代歷史學的建構與發展而與世界歷史學發生極為複雜的互動，包括挑戰、回應、模仿、拒斥、自我本質化、他者化、偽造、創造性轉化等等各種做法。一百年前在爭論全盤西化或部分西化的時候，胡適（一八九一——一九六二）曾說，在態度上中國需要擁抱全盤西化，但無須擔心中國會成為西方，因為所有的外來文化因子一定會受到傳統文化的抵抗、限制、融合，所以所謂全盤西化其實不會出現。胡適當然非常嚮往西方民主制度、物質發展與科學態度，但他在什麼意義上是全盤西化論者，不是本文所能論斷。胡適顯然有個樸素的見解，認為矯枉就是要過正才能得其中，因為固有文化或傳統都會有惰性，會中和或減緩新加入因子的效力。但胡適沒講清楚的是：一個偌大社會中不同部門與人員「竭力」吸收外來文化之時，一定會受到現實環境的影響而自主或不自主地考慮如何使用、修正、選擇外來因子。個別行動者所認知或接觸的外來因子既不可能相同，其使用、改造的方式、程度也不會同步。換言之，在空間與時間錯落不齊的環境中，外來文化因子一定會隨著總體經驗的累積而緩慢演化成在地社會所能接受的融合模態。用德國哲學家伽德美的話來說就是，新世界觀的理解與掌握，一定受舊世界觀的限制與影響，兩者一定會產生新的視域融合，不再是舊，也非全盤的新。用實證主義的話來說，就是我們必須相信每個人對於新觀念、新事物的引進都會以自己的方式進行嘗試與修正，在一定的時間之後，我們才能看到整體的變化與新面貌。佛教傳入中國成為「中國的佛教」，就是很具體而明顯的例子（其實所有外來文化經過中文化就必然會形成在地化特色，儘管未必是人們心中理想的新樣態）。可惜的是，青年胡適所處的中國在許許多多層面上都有激烈化的傾向，連溫和的，倡議「改良」而非革命的胡適也難免掉入激情的文字遊戲（障），欲以「全盤西化」而不是單純的「西化」來宣揚自己的現代化態度。話雖如此，中國近代思想史的在地演化與胡適對於新舊文化融合的想像應該是若合符節的。思想史作為一門學院專業，當然是從西方現代史學的發展而來，但從一開始，其實踐便與傳統學術發生了正面的化學變化，其結果既開創出新的學術類型，又展現中國特色或在地特質。中國思想史的歷史，絕對值得有識者投入研究，但本書無法對此做出任何詳細的論述。相反的，此處討論重點完全偏重在西方，尤其是英語世界的發展。

西歐在過去一百年出現多種名稱，用來指涉關於觀念、價值與世界態度的歷史研究，包括英語 history of thought, history of ideas, intellectual history, the conceptual history，德文的 Geistgeschichte, Begriffsgeschichte, Ideesgeschichte，法文的 l'histoire des idees, l'histoire intellectuelle，義大利文的 stori filosoph, stori della idee 等等。[1]法國歷史學者侯杰夏愓（Roger Chartier, 1945-）說，如何叩問思想史（intellectual history）是世上最困難的事；其中最主要的理由是因為相關專業術語在各國之中多有不同，彼此難以調適趨譯。[2]中文世界讀者對夏愓的感慨應該很有共鳴，因為中文學界在使用「思想史」一詞時，有可能代表上述任何一種學術或書寫類型。中文世界使用思想史一詞所表現出的寬泛傾向，比較接近英文的 history of thought（法文histoire de la pensèe, 德文Geschichte des Denkens）。在英語世界，history of thought 是 history of ideas 以及 intellectual history 出現之前常見的選擇。例如著名的史家 Leslie Stephen（1832-1904）在十九世紀晚期出版了兩冊 *History of the English Thought in the Eighteenth Century*（1881）。「History of thought」這類書名在近期的英、法、德文出版界依舊時有所聞，內容比較像是「研究人類創造性思考及其產物」的一種統稱，尤其是當該作品同時包括形上學、學術發展、科學理論、政治原則、美學、社會學等等內容的時候更是如此。或許可以這麼說，「History of thought」相當現今中文學界對於「思想史」的廣義用法。

思考或思想（thought）除了作為總括各種主題的心智活動與成果之外，也常用來表達某單一學科或主題的心智層面的探索與成果。最常見的名稱有政治思想史（history of political thought）與經濟思想史（history of economic thought）。在學院分科中，她們是政治學與經濟學的次學科。爾來有環境思想史（history of ecological thought, l'histoire de la pensée écologique）的倡議，自然是拜近幾十年環境史蓬勃發展結果之所賜。[3] 自從上世紀六〇年代迪維二世（Edward Smith Deevey, Jr., 1914-1988）創造「歷史環境學」（Historical Ecology）概念以來，環境史就穩定成長，吸引學者投入相關研究。經過三、四十年的耕耘，學者也注意到人與環境、自然的互動，反映了人的觀念與價值。[4] 中文世界除了起步最早的學術思

---

1 其中，Geistgeschichite 多半被譯為「概念史」(英文為 conceptual history)，強調概念的轉化與社會變遷之間的關係。讀者可參考方維規，《什麼是概念史》（上海：三聯書店，二〇二〇）。另外可以參考 Jan-Werner Müller, "On Conceptual History," in Darrin McMahon and Samuel Moyn, eds., *Rethinking Modern European Intellectual History* (Oxford: Oxford University Press, 2014), pp. 74-93.

2 Roger Chartier, "Intellectual History and the History of *Mentalités*," in Roger Chartier, trans. by Lydia G. Cochrane, *Cultural History Between Practices and Representations* (Cambridge: Polity Press, 1988), p.19.

3 主要探討人類如何思考人與自然的關係。在歐洲，學界認為這是十九世紀開始的思潮。參見 Dominique Bourg & Augustin Fragnière, *La pensée écologique: une Anthologie* (Paris: Presses Universitaires de France, 2014)。

4 有關環境史，可參考劉翠溶教授的《什麼是環境史》（北京：生活・讀書・新知三聯書店，二〇二一）。史學家很早就注意到歷史上人與環境、自然、動物的關係迭有變化，並且與社會變遷有關。例如基思托瑪士幾十年前前就寫過《人與自然世界》一書。只是截至目前，這類的著作比較像是心態史與文化史的寫作，而不是思想

想史寫作，也陸續有「軍事思想史」、「文學思想史」、「制度思想史」[5]與「地理思想史」等研究類型的加入與提議。[6]從理想上講，這類科別或主題式的思想研究，目的是在補充原有科別或主題的不足，尤其是有關於其中涉及「價值」或「意識形態」的研究。表面上看，如果某一學科越宣稱具有自然科學般的客觀性，就越會對其學科的思想史抱持可有可無的態度。對物理學家或邏輯哲學家來講，「物理思想史」或「邏輯思想史」這些概念是自相矛盾的名詞。物理學本身就是人類思考物理世界的充足內容；物理學之外，再無思想。儘管現代科學哲學開始反省，認為物理學者的主觀（想望）會影響他們的研究結果，但這樣的意見短期內很難成為物理學者進行實驗或研究時的反思性前提。現代經濟學普遍預設「實證經濟學」與「規範經濟學」兩種經濟認知類型，「規範」牽涉到價值或「應然」的取捨，而實證則是要建立足以解釋「實然」的模型與科學。行政部門、政治領導人會考量施政後果而做出規範，例如給特定產業優惠，特定族群免稅，但是硬核的經濟學只考慮經濟現象（包括政府政策因素）的實然。

相對於宣稱科學性質濃厚的學科，有些學科本身的發展就是沿著價值的敘述、情思的表露而發展，其學科的思想史就占據相當核心的地位，例如文學。相對號稱無須思想史的物理學，一部文學史若沒有思想或觀念分析，那是完全無法想像的事。依此而言，環境事關人類對於生存、健康、幸福、經濟、發展，甚至國家強盛等等價值，環境思想史必然會逐漸為人史。所謂思想史，至少不只是要描述態度的變化，還需要概念化這些態度的變化，以及解釋態度變化的（思想）內部原因。儘管如此，托瑪士此書仍不失為一本傑作。Keith Thomas, *Man and the Natural World: Changing Attitudes in England 1500-1800* (Oxford: Oxford University Press, 1983). 此外，思想史中的動物或生物，人類如何思考自然秩序以及其他物種關係的議題也行之有年。可參考 Peter Harrison, "The Virtues of Animals in Seventeenth-Century Thought," *Journal of the History of Ideas*, 59: 3 (1998), pp. 463-484; Hans Werner Ingensiep, "Tierseele und tierthische Atgumentationen in der deutchen philosophischen Literatur des 18. Jahrhunderts," *NTM Zeitschrift für Geschichte der Wissenschaften, Technik und Medizin*, 4 (1996), pp. 103-118. 受到近年所謂「動物轉向」的潮流影響，此類思想史書寫有增加的趨勢。哲學史家Arron Garret 等人不只出版研究成果更編輯了六冊的《十八世紀的動物權利與靈魂》，參見Arron V. Garett, ed., *Animal Right and Souls in Eighteenth Century* (Bristol: Thoemmes, 2000)。

5 雷戈，《秦漢之際的政治思想與王權主義》（上海：上海古籍出版社，二〇一一）以及許超杰，〈制度思想史：中國政治思想史的另一種寫法〉，《史學月刊》，四（二〇一五）。

6 張峰屹，《西漢文學思想史》（天津：南開大學出版社，二〇〇一）；羅宗強，《明代文學思想史》（北京：中華書局，二〇一九）；唐曉峰，《從混沌到秩序：中國上古地理思想史述論》，（北京：中華書局，二〇一〇）；李零，〈地理也有思想史——讀唐曉峰《從混沌到秩序》〉，《中國經濟論壇》，四：一（二〇一〇）。討論地理知識的建立背後的理念、價值與世界觀在西方的情形可參考 David Livingstone, *The Geographical Tradition: Episodes in the History of Contested Enterprises* (Oxford: Blackwell Publishing, 1993)，雖然本書不以「geographical thought」為名，但內容關涉「思想」者甚多。究其實，一旦討論一門學科的發展史與方法論問題，就必然帶有濃厚的思想史成分——無論這方法論是偏向科學與技術，還是宇宙論。

所重視，大概是預料之中。[7]中國制度思想史的出現讓研究者得以重新體會、揣想古代設定各種制度的人心中的價值、目的或理想，這類似於錢穆在談中國政治制度時喜歡講制度背後的「精神」（類似民族或集體智慧。錢穆喜歡引孟子「所過者化，所存者神」一語，這個「神」應該就是他講的歷史精神）。從這個例子我們可以發現，思想史研究有個作用，就是讓我們習見的歷史解釋，透過追問背後更深遠或深刻的動機、目的、價值取向，而得到單從制度或現象表面得不到的歷史理解或感悟。當然，很多歷史上的行為，無論是個人的還是集體的，都未能留下行為者的自述。所以欲理解其動機與目的，常苦無直接證據而需要運用間接證據、字裡行間的訊息、解碼等方法來鋪陳，有時難免會有故作解人，過度詮釋的問題。甚至有時候會假設歷史本身自有一種理性，不然一種制度不會存在三、五百年，甚至上千年。只是這種制度或歷史的理性，常常是作者將自己擺在後觀者，或俯視者的視角所建構出來的歷史想像與解釋，例如黑格爾（G. W. F. Hegel, 1770-1830）會說近代歐洲的歷史精神就是自由。

相對於代表泛稱與專科次領域的「思想史」，目前學界討論最多的思想史課題，是相對應英語的 history of ideas 以及 intellectual history。這兩種文類是自足或自成規矩、規範的思想史，而不是政治史或經濟史的次領域。自有規範的思想史是與政治史、經濟史、社會史、海洋史、科學史、醫療史、制度史、宗教史、環境史、軍事史、文化史、藝術史這樣的史學次領域並列的學術科別。[8] 這意思是說，人們相信人類的價值、意識形態、信仰、情感、道德原則等等關乎心靈與心智活動的現象與成果的本身，值得仔細追問與研究，值得用特別的研究方式與書寫方式來呈現；研究歷史上重要的心靈與心智活動，以及這些活動的結果及影響，與研究重要的戰爭、宗教、經濟、政治制度同等重要。如果我們說，人之所以為人，正在於人會依據價值系統、觀念、道德原則之不同而建立不同的社會與群體，那麼研究這些價值、觀念或意識形態、信仰、情感、道德原則就成為研究人類與人類社會的第一要務。極端一點的說，所有的歷史都是人類有意識的行動之後的結果。[9] 思想史就是研究這些意識

7 例如傳統啟蒙運動研究已從政治思想研究擴展至科學史，如今又延伸到環境思想。參考 Fredrik Albritton Jonsson, *Enlightenment's Frontier: the Scottish Highlands and the Origins of Environmentalism* (New Haven: Yale University Press, 2013). 著名的經濟史家恰克拉巴提（Dipesh Chakrabarty）也開始關注環境史與環境思想史的課題。參見 Dipesh Chakrabarty, "The Climate of History: Four Theories," *Critical Inquiry* 35: 2 (2009), pp. 199-222.

8 隨著史學的專業化，史學次領域的名單很可能持續增長——例如這幾年流行一時的閱讀史、知識史、出版史、婦女史、性別史、全球史等等。一方史學次領域的建立，常常是看主流大學的課程是否普遍見到相關的授課。

9 如果人類真如佛洛伊德（Sigmund Freud, 1856-1939）所說，其行為或藝術創作都嚴重地或單純地受到潛意識作用支配，思想史就沒有存在的可能與必要。不過，所謂人類意識，可能需要做更精確的劃分。例如一般人對領袖的集體效忠，對某種信仰的虔誠接受，對民族主義等等集體價值的附從，與小說家、詩人、評論家、哲學家對某種價值的倡議之間，其反思程度與思考意義都不可同日而語。這就會牽涉到後面所要討論的思想史與心態

的內容，以及它們為何出現在特定的時空，它們與其他歷史力量如何互動、影響。

---

史之間是否應該視為不同文類與方法的問題。

# 第三章　思想史必須先是一種歷史——西方現代史學濫觴

不只古代中國有「思想史」著作，歐洲自古也不乏對歷史人物如何思考，信奉何種價值，或依據何種意識形態而行動等等「思想」課題的研究。但相較於中國「學術思想」書寫之源遠流長，歐洲的學術史或思想史的出現卻相當晚——或許要到十八世紀才比較明顯。在此之前，歐洲傳統普遍以哲學思考見長，擅長推理、詰辯、分析、創造概念來描摹世界、解釋世界。換言之，他們傾向以哲學或神學解釋人類生活與自然界或宇宙的關係。希臘與中世紀基督教文明都不重視歷史變遷，[1] 既然史學不發達，思想史自然更加黯淡。直到十八世紀歐洲人開始注重歷史書寫，有關古人的思考、價值觀、態度、意見等等歷史事實才開始被知識界大量轉述。[2] 不過即使是在十八世紀，啟蒙哲士、文人、作家們在處理古人思想時，他們真正措意的其實是如何藉由古人或前人的意見，凸顯自己的主張與態度，並非真的想要系統性的還原、保存或解釋古人的思想。簡言之，十八世紀作家習慣以古人的文字來澆自己心中的壘塊，而不是為歷史而歷史。伏爾泰（Voltaire, 1694-1778）是十八世紀初期歐洲最具影響力的作家與史家。他寫的《路易十四的時代》（*Le Siècle de Louis XIV*, 1751）被認為是近代史學的早期標竿，甚至是（舊）文化史的濫觴。但其實伏爾泰揀選與褒貶歷史人物及其思想，背後目的多半是為了闡揚他自己的理念，諸如容忍、言論自由、有效的中央政府、物質的進步等等。伏爾泰曾經提出一句有名的「猜想」——「究竟歷史是否只是後人在死人身上所玩出來一串把戲」？（Ce n'est après tout qu'un ramas de tracasseries qu'on fait aux morts…）雖然現代歷史學盡量求客觀，但真正能做到不偏不倚，絕無成見者，恐怕絕無僅有。只是現代歷史學者肯定會抗拒伏爾泰式的「死人把戲」，視之為對史學的褻瀆。現代歷史學家之所以能做到不欺古人，真正的關鍵不是他們掌握了科學的方法，而是他們極有意識地將自己的態度與價值放在歷史人物的思想與態度之後。史家對萬事萬物難免有自己的態度或偏見，但學院訓練讓歷史研究者竭盡所能地設想歷史人物在想什麼，為什麼這樣想，至於自己的態度與價值是否應該顯露在研究中，則為其次。而且，假使史學工作者想要表達自己的價值判斷，他也必須讓讀者完全清楚歷史的客觀存在與作者主觀判斷的區別所在。這不是說伏爾泰的《路易十四的時代》或哲學家休姆（David Hume, 1711-1776）的《英格蘭史》（*The History of England*, 1754-1761）一無是處。[3]恰恰相反，這些作品反映了當時史學寫作的高

1 希臘「史學之父」（西賽羅語）希羅多德（Herodotus, 484-425）的著作《歷史》（*Histories, Ιστορίαι*）主要是以敘述為主，談論他所聽聞眼見的政治、軍事事件。Herodotus, Robin Waterfield trans., edited with an introduction and notes by Carolyn Dewald, *The Histories* (Oxford: Oxford University Press, 2008).

2 Karen O'Brien, *Narratives of Enlightenment: Cosmopolitan History from Voltaire to Gibbon* (Cambridge: Cambridge University Press, 1997); Roy Porter, *Gibbon Making History* (London: Palgrave, 1989); Nicholas Phillipson, *David Hume as Historian* (London: Weidenfeld and Nicolson, 1989).

3 Nicholas Phillipson, *Hume: Philosopher as a Historian* (1989; New Haven: Yale University Press, 2012).

峰以及精彩的知識成就，只是現代學院史學的濫觴不在英、法，而在德國。至於現代思想史這一次學科，則是現代史學發軔之後，經過幾回路轉峰迴才逐漸開展的結果。

人們談論現代史學多會從德國柏林大學的蘭克（Leopold von Ranke, 1795- 1886）開始談起，除了因為柏林大學有相對較早的歷史學講座教授席位，主要原因是蘭克以檔案材料作為歷史研究的骨架與血肉，尤其是他創立討論班（seminars）來批判性閱讀史料，從而使得歷史學獲得學科身分。[4] 蘭克說，歷史研究就是要知道「過去真正發生了什麼事」（What was essentially happened; Was es eigentlich gewesen?），而不是要臆測事實背後的「歷史精神」或本質。[5] 對比日後歷史學的發展，蘭克這句名言顯然將歷史研究的旨趣講得稍嫌狹隘。其實蘭克當時發此議論時的目標非常明顯，是要對當時哲學界流行的歷史整體觀提出批判。雖然蘭克沒有具名，但明眼人不難理解，蘭克心中的批評對象是當時德國哲學界的祭酒——黑格爾。黑格爾認為，歷史只有一個，就是全體人類的歷史。研究或了解歷史的重點在於對

4 Kasper Risbjerg Eskildsen, "Leopold Ranke's Archival Turn: Location and Evidence in Modern Historiography," *Modern Intellectual History*, 5: 3 (2008), pp. 425-453; G. G. Iggers & J. M. Powell eds, *Leopold von Ranke and the Shaping of the Historical Discipline* (Syracuse, 1990); Braw, J. D., "Vision as Revision: Ranke and the Beginning of Modern History," *History and Theory*, 46: 4 (2007), pp.45-60.

5 十九世紀以來許多史家如 J. B. Bury（1861-1927）、艾克頓（Lord Acton, 1834-1902），以及傅斯年（一八九六—一九五〇）等人將蘭克或蘭克學派理解成相對狹隘的科學主義或經驗主義者。艾克頓等人將 eigentlich 翻譯成 really 或 actually，強調「事實」。上世紀晚期，伊格斯（G. G. Iggers, 1926-2017）等人則提醒 eigentlich 不只是事實而已，而有追尋事實背後歷史意義的深意。對於此一史學思想以及概念的理解，筆者沒有能力深入討論。筆者理解伊格斯教授的用心，但仍選擇舊譯，因為中文「真正的」的「真」，也有探求本質的意思，而不只限於客觀經驗的事實，所以翻譯成「究竟真正發生什麼事」也很能符合德文的原意才是。比較持允的說法可能是，蘭克反對黑格爾歷史哲學的主因有二：其一，黑格爾強調可以整體式地掌握人類普遍歷史的發展，甚至規律；而蘭克只追求國族的精神發展。其二，黑格爾的方法是將歷史或現象對象化成客體，哲學家以「超越客觀」的、第三者的角度來整體性地把握歷史精神，蘭克認為應該以批判過的文獻作為基礎來掌握國族發展的獨特意義或精神。我們此處之所以強調蘭克的經驗主義，是要說明歷史學科建立之初與哲學之間的自我距離，以及此一學科的最根本特質，卻不必然否認蘭克的國族主義情感以及追尋國族歷史精神的願景。G. G. Iggers, *German Conception of History: National Tradition of Historical Thought from Herder to the Present* (2nd Edition; Wesleyan University Press, 1969); Iggers, *New Directions in European Historiography* (Wesleyan University Press, 1984); Stephen Bann, *The Clothing of Clio: A Study of Historical Representation in Nineteenth Century Britain and France* (Cambridge: Cambridge University Press, 1984).

歷史有整體性的掌握，如此才能發現歷史的規律與目的；唯有如此，研究歷史才有意義。[6]黑格爾相信歷史依循著正反合原理，也就是規律，以螺旋狀方式向上進展，而其發展的內涵就是自由（精神）的開展。蘭克對歷史哲學很有意見，因此竭力呼籲歷史學家必須很自覺地與哲學家劃清界線，只專注於處理事實，專注於特殊國家的特殊事件。

蘭克那句經典——「究竟過去真正發生了什麼事」——同時成為了日後史學工作者的信條與夢魘。但無論如何，現代思想史之所以有突出的表現與成果，原因之一是因為思想史家首重探討「過去的人們究竟真正說了什麼？」以及「過去的人們究竟真正在想什麼？」思想史家如此宣稱當然會立即遭遇兩重嚴肅的難題。第一，我們真能完全拋棄現代的概念、價值、語言去重現過去嗎？以「專制」概念來表示漢代或明清皇權是否恰當？如果不恰當，那是因為我們今日在使用專制一詞時，已經受到孟德斯鳩（Montesquieu, 1689-1755）以降對專制的理解的影響而形成歷史情景與現代語言對應上的偏差（也就是歷史學上常講的時代錯置。例如用政治犯來形容伍子胥，用民族主義來解釋孟子的華夷之辨），還是因為中國皇權本質上就不是專制的，所以無論專制意指為何，都不適用於中國古代政治。第二，把「思考」與「思想」當作「事實」或「事件」來處理，在實踐上有一定的困難，畢竟思考與思想不像戰爭、會議、登基、生育、發明輪子等等這類的事實——外在行動與事物的產生——那般明確。因此，儘管「究竟真正發生」這幾個字非常關鍵，但怎麼樣確認思想發生的時間、延續、與其他事件的相關性與影響或重要性等等問題，就變得很不確定。這兩重思想史研究困境就成為了當代思想史方法（論）的問題核心。

從第二次世界大戰之後，英語世界興起了一股思想史寫作的熱潮。此一趨勢在一九六〇年代持續增溫，並且有了一小波有關方法論的討論。我們會在後面章節仔細介紹此一環繞在史基納（Quentin Skinner, 1940-）的方法論爭論。在此我們先稍微交代結果：六〇年代的思想史方法論，只是重新肯認歷史學有別於哲學的旨趣、研究路徑與關懷。只是此時的哲學家也已經不像黑格爾一樣強調形上論或歷史整體論了。現代哲學家強調的是思想或觀念可以有永恆的價值——我們現在講「榮譽」、「國家」、「愛」、「道德」等等，基本上與希臘羅馬思想家的認知沒有本質上的不同。針對現代哲學（史）家相信觀念的跨時性，史基納及其師友

---

6 講個題外話，湯恩比（Arnold Toynbee, 1889-1975）的《歷史研究》應該就是想以半實證、半哲學的手法完成黑格爾的全史寫作。湯恩比將中國納入他當時的世界史圖像中，在當時是個反黑格爾的創舉。但以今日史學研究標準而論，《歷史研究》已經是極為特殊的體例了。湯恩比半實證、半哲學的全史寫作（total history）受到德國學界以語言考據學為方法，以全史為目標的精神史學學者所青睞，並不令人訝異。羅曼學（Romance studies，有時又稱 Romance philology）學者，同時也是德國精神史（Geistesgeschichte）代表人物之一的庫爾提烏斯（Ernst Robert Curtius, 1886-1956）就盛讚湯恩比的《歷史研究》，允為黑格爾、蘭克、布克哈特（Jacob Burckhardt, 1818-1898）、特勒爾曲（Ernst Troeltsch, 1865-1923）等人的學術傳人。參見Arthur R. Evans, Jr., "Ernst Robert Curtius," in Arthur R. Evans, Jr ed. *On Four Modern Humanists* (Princeton: Princeton University Press, 1970), p. 122.

們認為，研究重要思想、人物、著作，都必須在適當的歷史或語言脈絡下來理解，不能假設研究者所處的時代價值與語言可以直接轉譯過去的文字與思想。如果這樣做，就是將歷史人物與思想「去脈絡化」了。思想史家錢穆經常在著作中告誡讀者，「不可厚誣古人」，對古人要有「同情的理解」，思想史家余英時也常常批評「以論代史」的歷史研究，美國漢學家艾爾曼（Benjamin Elman, 1946-）有本專書取名為《以其自身的標準》（*On Their Own Terms*）[7]。他們彼此的用詞雖然不同，對「傳統文化」的態度也頗不相類，但他們想要傳達的史學原則完全相同：思想史研究不能以研究者的時代，而應該以被研究時代的條件、背景、價值系統來了解當時的人物思想。無論是西方思想史家或中國思想史家都有其相對應的時空背景，他們的立論與所要反對的主流意見也不盡相同。但無論如何，現代思想史的出現，的確是在歷史成為專業學科之後出現的。

7 Benjamin A. Elman, *On Their Own Terms: Science in China, 1550-1900* (Harvard: Harvard University Press, 2005). 此書另有中譯本，參見原祖杰等譯，《科學在中國（一五五〇—一九〇〇）》（北京：人民大學出版社，二〇一六）。

# 第四章 西方的舊思想史——文化史與精神史

蘭克當然是一位具有智慧與思考力的史家，他在思考什麼是史學的本質與史家的身分時所顯露的精確思想，說明了他不是一位只把史料拿來「整齊排比」了事的「剪刀與漿糊」史家。不過，綜觀蘭克的主要著作，他或許可以稱得上是一位外交史家、政治史家，甚至是世界史家，但很難說是一位思想史家。[1] 前面提到，思想史是史學專業化後產生諸多史學次領域的其中一支。次領域與次領域之間常常不是涇渭分明的。例如今天有位學者研究米開朗基羅（Michelangelo, 1475-1564）的繪畫或雕塑的風格、母題（motif）與其前代、同時代藝術家之間的傳承或差異，這樣的研究很容易就被歸類為藝術史。但如果有學者專注於討論米開朗基羅如何選用畫布，挑選大理石，這些材料、顏料是如何傳入，或如何開採，工人、商人、金主、藝術家彼此如何互動等等關於物質性與社會性的課題，那麼這項研究在今天的學術界就會被歸為文化史。[2] 但如果研究中大量探討米開朗基羅為何選用特定人物、象徵，以及這些畫作或雕塑可能要傳達何種信仰、價值與世界觀，討論這些藝術創作與他的宗教觀、愛情觀、人生觀、政治態度的關係，這樣的研究就很可能是一份道地的思想史作品。在英國現代思想史發展過程中扮演重要角色的哲學史家柯靈烏（R. G. Collingwood, 1889-1943）就是這樣構想出思想史的目的與可能的。他說，藝術家的作品背後應該有個創作目的，藝術家一定是想表達一個或一些想法、觀念、信念或價值；透過藝術品，研究藝術家的心靈與想法是可能的。這麼說來，想要了解米開朗基羅的藝術成就及其時代，文化史、藝術史、思想史等等次領域，都只代表了一種特殊的趨近方法與再現方法，是米開朗基羅及其世界的一個面向，是鑽石多角光彩中的一面。

二戰之後，隨著嬰兒潮與大學教育的快速膨脹，史學專業化也以驚人的速度前進。但在二次大戰之前，史家在或強或弱的程度上關心「全史」或「整體史」（total history）寫作的可能。史家不只關心柯靈烏以為的藝術家的理念，或潘諾夫斯基（Erwin Panofsky, 1892-1968）的藝術家創作風格，而是藝術與社會整體之間的綜合互動，藉以呈現時代特色。在十九世紀晚期，藝術史、文化史與思想史之間的界線還很模糊，或者應該更精確地說，這些界線還不存在。來自瑞士德語區的歷史學者布克哈特（Jacob Burckhardt, 1818-1897）在1860年出版《義大利文藝復興時代的文化》（*Die Kultur der Renaissance in Italien*）。在這本

1 其實強要以後世學科次分類來定義蘭克這位早期的專業史學家，這本身就是種時代錯置的做法。我們在此之所以強行分類，主要目的在於說明思想史如何從後蘭克時代出現。

2 值得注意的是，近二、三十年，西方藝術史、社會史、文化史之間交融的情形非常明顯。藝術史家越來越願意從社會背景、閱讀史、物質文化角度去理解藝術史內的課題。反之，傳統歷史學者也越來越願意以圖像作為輔助的證據，甚至是主要研究的對象。可參考Peter Burke, *Eyewitnessing: The Uses of Images as Historical Evidence* (Ithaca: Cornell University Press, 2008); Albert Boime, *Art in an Age of Civil Struggle, 1848-1871* (Chicago: Chicago University Press, 2008).

劃時代，開創性的研究中，布克哈特討論了義大利文藝復興時期，也就是十四世紀晚期到十六世紀中期的藝術、文學、節慶等等表現，意欲證明人們從此開始注重個體性（Individuum）——對個體性的注重開啟了現代西方的大門。

人類意識的兩面——面向世界與面向內心——猶如隱藏在同一張帷幕之下半夢半醒著；這是一張以信仰、孩童般的成見以及幻覺所共織而成的帷幕；看透它，世界與歷史會呈現奇怪的色澤。人視己僅僅是某一種族、國族、政黨、職業團體、家庭或其他團體的一名成員。但就在義大利，這一帷幕首次融解於空中，喚醒了對國家與世上所有集體事物的客觀認知與客觀對待。但在客觀之旁，主觀也奮力而起，人變成自省的個體，而且以個體這樣的方式認識自己。[3]

《義大利文藝復興時代的文化》的文采與史家布克哈特的主觀洞視一樣精彩迷人；但它已經很難符合今日學術所要求的論述精準度，正如它很難歸入任何今日的史學次領域。一方面，本書中有今日藝術史、文學史、文化史、日常生活史、思想史的題材，尤其本書第六章的章名與內容「道德與宗教」（Sitte und Religion），無疑是思想史的題材與討論。但另一方面，本書使用、討論這些題材的方法，與今日藝術史、文學史、文化史、思想史等等的做法大有不同。在很長一段時間，德國學界以「文化史」（Kulturgeschichte）來指認《義大利文藝復興時代的文化》。後來二十世紀晚期歐美學界興起一波文化史的寫作熱潮，為了區隔起見，人們就將二十世紀晚期的新品稱為「新文化史」（New Cultural History）。[4]

德國學界在十九世紀末，二十世紀初有「精神史」（Geistesgeschichte）寫作類型。基本上這是史家或作者以統攝性的眼光，綜合地描述描述一國或一地文化創造，如宗教、建築、

3 "both sides of human consciousness - the side turned to the world and that turned inward - lay, as it were, beneath a common veil, dreaming or half awake. The veil was woven of faith, childlike prejudices, and illusion; seen through it, world and history appeared in strange hues; man recognized himself only as a member of a race, a nation, a party, a corporation, a family, or in some other general category. It was in Italy that this veil first melted into thin air, and awakened an objective perception and treatment of the state and all things of this world in general; but by its side, and with full power, there also arose the subjective; man becomes a self-aware individual and recognises himself as such." Jacob Burckhardt, S. G. C. Middlemore (trans.) & Peter Murray (noted), *The Civilization of Renaissance in Italy* (London: Penguin, 1990), p. 98. 本書其他中文翻譯可參見花亦芬譯，《意大利文藝復興時代的文化》（新北：聯經出版事業公司，二〇〇七）。布克哈特認為佩脫拉克是第一位「現代人」。史家余英時曾經表示魏晉南北朝的士人開始了「個體自覺」，或許與此一文藝復興書寫傳統有關。余英時，《余英時回憶錄》（台北：允晨文化公司，二〇一八），頁一九二—一九四。

4 Peter Burke, *Varieties of Cultural History* (Ithaca: Cornell University Press, 1997).

繪畫，尤其是詩歌文學，藉以展現該國或該地人民價值、精神與心智力量。之所以會用精神一詞，與德語世界的知識發展與學科概念有關。例如我們今日所謂人文學，英語稱為humanities，在十九世紀的德語世界廣稱為Geisteswissenschaft。狄爾泰（Wilhelm Dilthey, 1833-1911）的《人文學導論》（*Einleitung in die Geisteswissenschaften*）是此一領域重要專著。[5] 精神史的由來應該也與十八世紀開始流行的時代精神（Zeitgeist），以及黑格爾的客觀精神（der objektive Geist）有觀念傳承的關係。此外，精神史應該也與德國知識界強調精神文化（Kultur）概念有關。從十八世紀下半葉，有些德國知識分子包括哈曼（Johann Hamann, 1730-1788）、赫德（Johann Herder, 1744-1803）等人倡議注重內在心靈的陶冶、培養，強調完整的、詩的，直覺的世界。相信心與物不是二元對立，大自然是超越意義（例如上帝）的中介，而不是等待被了解、分析、利用的物質。此一德語思想傳統中的文化有意與法國（以及英格蘭）注重物質與外在制度、科技、行為層面所衍伸出來的文明概念，做出區隔。精神史就是要將這些內在品質、能力與創造加以客觀化的書寫，用現代語彙來說，就是（內在）精神文化的再現。[6] 例如科特烏斯（Ernst Robert Curtius, 1886-1956）的《法國文明》（*Die französische Kultur: eine Einführung*, 1931）認為德國文化與法國文明既不同又互補。[7] 當代學者認為本書屬於德國精神史的寫作傳統，上追赫德以降德國浪漫主義的民族個別主義（Volksindividualität）。[8] 此種對時代精神的整體性理解與再現，與蘭克所開創的學院的、科學的歷史學研究極為不同。

一九五〇年代之後，歐美主流學界已經很少人以「精神史」作為一種研究類型的名稱。[9]例如移居到美國的奧地利學者偉列克（René Wellek, 1903-1995）在一九三一年出版

5 Geisteswissenschaften 直譯的話是為「精神科學」，但是德語 Wissenschaft 所隱含的意思與中文的「科學」有不小差異。中文裡「科學」非常受到英語文化的影響，指的是自然科學的知識模態，而 Wissenschaft 泛指追求真理的知識與方法。

6 Julius Wigand, *Deutsche Geistesgeschichte* (Köln: W. Prüßmann, 1932); Friedrich Heer, *Europäische Geistesgeschichte* (Stuttgart: W. Kohlhammer, 1953).

7 本書英譯名為 *The Civilization of France*，精準傳達作者希望區隔法國注重物質文明與德國注重精神文化的世界觀。Ernst Curtius, trans.by Olive Wyon, *The Civilization of France: An Introduction* (New York: Macmillan, 1932).

8 Arthur R. Evans, Jr., "Ernst Robert Curtius," in Arthur R. Evans, Jr ed., *On Four Modern Humanists*, pp. 107-108.

9 有意思的是，精神史這個概念與名詞在東亞留存了更長的時間。例如日本學者鶴見俊輔《戦時期日本の精神史：1931-1945 年》（一九八二；東京：岩波書局，一九九一），龜井勝一郎《日本人の精神史研究》（東京：文藝春秋，一九六〇—六）。甚至到二〇一五年，小野紀明還在其著作《西洋政治思想史講義：精神史的考察》（東京：岩波，二〇一五）強調該書的特色是從哲學、文學、藝術、音樂、科學等各種面向理解歐洲人與其時代的心靈關聯——「人間の営みを総体として捉え、その時代の心的連関、時代精神に肉薄しようと試みる」。日本學界與知識界的精神史傳統應該是直接繼受自德國傳統。東京大學第一位歷史學教授里斯（Ludwig Riess, 1861-1928）是蘭克的學生。雖蘭克本人及其學生不時興精神史寫作，但因為里斯這層關係，德國因素在日本歷史學界的影響非常大，許多二十世紀上半葉的德國精神史著作，甫一出版就被翻譯成日文。反之，在近代中國史學中，德國史學最重要遺緒則為（語言）考據學，這應該是乾嘉考據傳統以及某些留德學者如傅斯年、陳寅恪等人影響的結果。台灣史學發展除了受到傅斯年、姚從吾（一八九四—一九七〇）等人所接續的德

《康德在英格蘭，1793-1838》（*Immanuel Kant in England: 1793-1838*），他的作品一度被認為是精神史的代表作。偉列克後來致力於文學批評的理論建構，於一九四一年出版《英語文學史的興起》（*The Rise of English Literary History*），一九四九年與渥仁（Austin Warren, 1899-1986）合寫《文學理論》（*Theory of Literature*）。其著作對於後來的結構主義、俄國的文學批評與美國文學批評中的「新批評學派」有相當的影響。值得注意的是，偉列克自己後來也不用「精神史」這個名稱。一九六五年他出版《衝突：十九世紀德國、英格蘭、美國之間的知識與文學關係》（*Confrontations: Studies in the Intellectual and Literary Relations between Germany, England, and the United States during the Nineteenth Century*）書中就採取了英語世界習用的思想史或知識史（intellectual history）的用詞。

---

國實證史學，也受到日本精神史傳統的影響。例如前述鶴見俊輔日本精神史著作的最早中文（繁體）翻譯便是留日史學家李永熾教授所譯。一九九二年他指導王鴻泰完成博士論文《三言二拍的精神史研究》（台北：臺大出版中心，一九九四）。至於錢理群鉅著《二十世紀中國知識分子精神史三部曲》中所謂「精神史」是指個別人物的「精神發展史」。我們可以將之理解為個人面對人生、世界的態度，與十九世紀德國研究群體或民族精神 Volksgeist 與 Zeitgeist 的學術傳統無關。

# 第五章　英語世界的「思想史」發展

英國近代著名的哲學史家以撒柏林（Isaiah Berlin, 1909-1997）曾經評論道，英語世界對於「思想史」從未展現高度興趣。以撒・柏林說：

> 英語作家們對於思想史（intellectual history）此一領域一般缺乏興趣。其中固然有些例外，但為數不多。十九世紀的英國思想（English thought）雖然較諸其他國家影響力更大，但多數仍亟待書寫。觀念（ideas）與行動之間的衝突爭論，對英國史家、哲學家、批評家們而言，或許是個問題，但不是眼下的問題。他們已經把探究觀念與社會、經濟、科技發展之間的互動的工作，丟給其他國家的作者們了（尤其是近兩百年來）；即便偶有關心此道且出身於英格蘭的作者，專注力也集中在結論而非其方法。[1]

以撒・柏林的論斷值得注疏。第一，他在短短一段文字裡同時使用 intellectual、thought、ideas 三個與思想史相關的字詞，隱約將它們一股腦視為同義詞，這說明了上世六〇年代人們對於如何稱呼這一（次）領域還沒有共識。以撒・柏林使用 intellectual history 一詞，固然表明他的研究主要係以知識分子（intellectuals）的思想為主要分析對象，卻預示了 intellectual history 在往後數十年所代表的普遍意涵與地位。第二，從寫作風格與研究方法上來講，以撒・柏林的研究大抵可歸為「觀念史研究」（studies of the history of ideas），例如他的名著《兩種自由的概念》（*Two Concepts of Liberty*, 1958）就是綜合分析歐洲近代史上重要政治哲學家對於自由的定義，從中釐出兩種哲學類型，即所謂的「積極自由」與「消極自由」。傾向前者的思想家有柏拉圖、盧梭、康德、黑格爾；後者有康斯坦（Benjamin Constant, 1767-1830）、彌勒（John S. Mill, 1806-1873）、休姆、托克維爾（Alexis de Tocqueville, 1805-1859）。[2] 以撒・柏林的觀念史研究同時注重分析與綜合，但少交代有關「史」，也就是起源、變化與時代關係。他身後出版《浪漫主義的根源》（*The Roots of Romanticism*, 1999），分析盧梭、席勒、康德、貝多芬、拜倫（George Byron, 1788-1824）、英國畫家布雷克（William Blake, 1757-1827）等等許多思想家、作家、藝術家的思想與態度，似乎是要為十九世紀至二十世紀風起雲湧的民族之愛或民族主義做溯源的工作。[3] 如是，對以撒・柏林而言，觀念「史」的重要意義是在源頭，而不是過程與變化。

---

1 Isaiah H. G. Berlin, Preface to H. G. Schenk, *The Mind of the European Romantics: An Essay in Cultural History* (London, Constable 1966). xiii-xviii.

2 Isaiah Berlin, *Two Concepts of Liberty* (Oxford: Clarendon Press, 1958).

3 Isaiah Berlin, ed., Henry Hardy, *The Roots of Romanticism* (Princeton: Princeton University Press, 2013). 此書原為一九六五的演講稿。據編輯哈第所言，以撒・柏林此後一直試圖擴大論證與篇幅，但即便到臨終之前，以撒・柏林依舊無法寫出讓自己滿意的新稿。

以撒・柏林此文發表於1966年，也就是在此時，英格蘭正要開始進行一場規模不大，影響力卻相當可觀的思想史方法論討論。所以以撒・柏林所謂「英語世界」可以指涉英格蘭或英國，卻不該包含北美。早在上世紀四〇年代，「觀念的歷史」或「觀念史」（history of ideas）就已經在北美擄獲許多傑出史家的注意。從四〇年代至六〇年代，觀念史之所以未能在英格蘭獲得如在北美一般的重視，主因之一應該是左派史學在英格蘭的擅場。對左派而言，思想或觀念不是歷史進化的主要推動力量。[4] 歷史研究的重心應該是經濟史、社會史、下層社會尤其是工人的歷史。以牛津為基地的一群傑出史家，包括希爾（Christopher Hill, 1912-2003）、史東（Lawrence Stone, 1919-1999）、泰勒（A. J. P. Taylor, 1906-1990）結合湯普森（E. P. Thompson, 1924-1993）、霍布斯邦（Eric Hobsbawm, 1917-2012）、基爾南（Victor Kiernan, 1913-2009）等人在一九五二年創辦《過去與現在》（*Past & Present*）學報，說明當時史學的動向正朝著與思想史、觀念史相當不同的道路奮進。作為牛津的傑出教授與知識人，以撒・柏林的夫子自道有深刻的時代因素。

## 第一節　觀念史作為一種思想史

理解重要的思想對理解歷史有無比的重要性，但思想史作為一種學科或訓練卻是非常晚近的事。現代／科學史學的誕生，實肇因於其鼻祖蘭克有意識地與當時強調形上論、觀念論、知識論、規範論的「哲學」劃清界線。但令人驚異的是，如果說現代專業史學是從自我隔離於哲學開始，而思想史的誕生，卻是從哲學與史學的重新結合而來。

哲學與史學的重逢是在「觀念史」這座鵲橋之上發生的。這地點既是偶然也是必然。「觀念」（Idea）原本就是哲學中重要的元素以及分析對象。柏拉圖說，世界的真實存有不是物，而是觀念，我們五官所感知的事物，只是觀念的表象。觀念是客觀的存有（在），它不會因為人的感官認知差異而改變。為了說明柏拉圖與觀念的重要，懷海德（Alfred Whitehead, 1861-1947）曾經戲劇性的說道，西方兩千年的哲學史只是一直在替柏拉圖做註腳。柏拉圖的觀念永恆，而歷史卻是永遠的變化，那麼看似矛盾的「觀念史」有無可能成

---

4 教條的、正統的或庸俗的馬克思主義史學追隨者可能會認為，觀念，一如法律與宗教，是經濟物質條件或生產關係的產物。不過英國左派史家未必採信這樣的因果關係或單面關係。不同的左派史家對知識或思想的力量與自主性，抱持不同的態度，例如希爾（Christopher Hill, 1912-2003）就寫過英格蘭革命的思想淵源，參見 Christopher Hill, *Intellectual Origins of the English Revolution* (Oxford, Clarendon Press, 1965)。他的學生 Keith Thomas（1933-）寫了《宗教與魔術的衰落》，見 Keith Thomas, *Religion and the Decline of Magic* (London: Weidenfeld and Nicolson, 1971)，都沒有刻意從物質主義決定論的角度來呈現信仰與知識的被動意涵。比較穩當的說法，應該是英國左派史學相信，社會結構與社會關係的力量以及群眾的力量要遠大於理念、個別的知識分子與哲學家。對於群眾的關注當然會大大削弱對於個別人物，尤其是思想家的關注。

立？觀念史的討論主題究竟是什麼？一九四〇年《觀念史學報》（*The Journal of the History of Ideas*）創刊。這表示作為後來「思想史」家族的一支的觀念史已經成為面貌清晰，可資辨識的準次學科了。一新領域或學科的創立，必然經過一定時間摸索、披荊斬棘的歷程。我們多數人只能知道最後的成果，對於歷程中的辛苦與轉折，不易得知。《觀念史學報》係由維納（Philip Wiener, 1905-1992）與洛夫裘依（Arthur Lovejoy, 1873-1962）共同創辦。他們兩位都出身於哲學系，博士論文寫的是哲學課題，也都在哲學系任教。雖然學報是由維納首先倡議，但事後看來，洛夫裘依在思想史的發展過程扮演了更為關鍵的角色。洛夫裘依在哈佛攻讀哲學博士，受業於威廉・詹姆士（William James, 1842-1910）與裘席亞・羅伊斯（Josiah Royce, 1855-1916）。自一九一〇年起，他在執教的約翰霍普金斯大學成立「觀念史俱樂部」（History of Ideas Club），大概是「觀念史」這個學術概念制度化的濫觴。洛夫裘依對觀念與時間（歷史變遷）有濃厚興趣，而哲學訓練讓他擅長於對觀念進行分析。[5]從一九〇四年開始，洛夫裘依對歷史上的「原始主義」（Primitivism）、「浪漫主義」（Romanticism）進行分析，寫下多篇文章。他認為歷史上的作家與思想家在構想與原始主義或浪漫主義有關的情感或言論時，他們對這些觀念的認知或定義其實並不完全相同。根據他的分析，歷史上其實有幾十種浪漫主義，原因是主要的單元觀念（unit-idea）會在不同時期與其他不同的主要觀念重新組合。

洛夫裘依最為人所知的作品是《存有之巨鍊》（*The Great Chain of Being: A Study of the History of an Idea*）。書稿原是洛夫裘依於一九三三年主講哈佛大學「威廉詹姆士講座」（William James Lectures）的講稿。據說當初演講完畢，哲學家們多數不報以好評，以為對哲學思考的進展助益不大。哈佛大學出版社還一度擱置書稿，最後才在一九三六年出版此書。本書講述從中世紀開始，西方流行一種觀念，認為宇宙中的存有之物像條鍊子一樣，由上而下串在一起，鍊中之至高者為神，其下為天使，然後依次而降為人、動物、植物、礦物。此一存有等級的觀念一直存在於歐洲人的意識中，但在不同時期，其意義迭有變化。本書的主角是存有之巨鍊這個「觀念」，正如書的副標題所言，它是「觀念的歷史研究」。研究觀念是哲學家的本行：「我是誰？」「存有是什麼？」「什麼是正義？」「何謂自由？」是哲學的標準課題。哲學家們可能會用特殊的方法，例如邏輯分析（logical analysis）、語言分析（linguistic analysis）、辯證法（dialectics），甚至直觀來界定、證明、透顯他們所關注的觀念，賦予觀念在現實生活中的意義。但洛夫裘依的目的在於觀察、說明觀念在時間或歷

5 John Herman Randall, Jr., "Arthur O. Lovejoy and the History of Ideas," *Philosophy and Phenomenological Research* 23: 4 (1963), pp. 475-79; Daniel J. Wilson, "Lovejoy's *The Great Chain of Being* after Fifty-Years," *Journal of the History of Ideas* 48: 2 (1987), pp. 187-206.

史中的變化。洛夫裘依是名哲學教授，但《存有之巨鍊》不是哲學著作。他沒有站在與柏拉圖、奧古斯丁、康德、海德格同等的地位，爭辯概念與真理，爭辯到底存有究竟為何物。它也不是常見的哲學史著作；一般哲學史就像常見的經濟史或物理學史，基本上是交代哲學這門知識如何被建立，最常見到的書寫方式是介紹歷史上重要哲學家的創見與著作。但《存有之巨鍊》所撿擇的哲學家或思想家未必是哲學教科書所認可的大師。洛夫裘依的選材與寫法使得觀念史與哲學史之間存在著方法上的不同。《存有之巨鍊》主要的目的是說明「存有之巨鍊」這觀念一直存在於西方人的意識之中，但隨著時代之不同，此一觀念的作用、顯現的方式、強調的重點就會不同，這是因為在不同時代會有不同的觀念加進來一起形成不同的觀念叢，不同的思考模態。[6]在洛夫裘依的「觀念史」實踐裡，「觀念」與「史（時間）」有著同等的重要性，只是此處的歷史所強調固然是變化，強調各個時間與時代可能強調同一觀念的不同面向，卻比較少涉及社會、政治、經濟的空間背景。

隨著「觀念史俱樂部」、《存有之巨鍊》、《觀念史學報》的漸次成立，觀念史成為一門獨特學問的基礎已經初備。所謂獨木難撐大廈，觀念史之所以後來逐漸被學界接受，是因為許多作者彼此鼓勵，切磋，以及進行建設性批判。美國在上世紀三〇年代開始，就目睹許多討論歷史上重要思想家與觀念的作品出版。許多德語世界的猶太裔學者為了躲避納粹政權而移入美國。其中有許多人本身是重要的思想家，例如政治哲學家漢娜鄂蘭（Hannah Arendt,

1906-1975）、社會哲學與批判理論家阿多諾（Theodor W. Adorno, 1903-1969）、霍克海默（Max Horkheimer, 1895-1973）、經濟學家與政治評論家海耶克（F. A. Hayek, 1899-1992）等人。其中有些哲學家對歷史課題做出開創性的研究，並刊載於《觀念史學報》。例如《象徵形式的哲學》（*The Philosophy of Symbolic Forms*, 1923-1929）、《啟蒙運動的哲學》（*The Philosophy of the Enlightenment*, 1932）、《國家神話》（*The Myth of the State*, 1946）等書的作者卡西勒（Ernst Alfred Cassirer, 1874-1945）就於一九四二年在《觀念史學報》發表關於義大利人文主義學者皮科（Giovanni Pico Della Mirandora, 1463-1494）的文章。[7] 同樣的來自

6 從思想史角度來看，此書完成於近九十年前當然有巨大的開創風氣之功，但書中對於多數作家、思想史的意見、態度、文本欠缺必要分析，更少有對政治社會經濟環境的對話鋪陳，使得本書看似一本有關「存有之巨鍊」觀念的史料集。這應該是後來史基納提出脈絡分析的原因之一。但話說回來，正如本書所將要分析，史基納的脈絡主義要求細緻的多文本對話，很難應用在長時段的思想史寫作。嚴格說來，史基納的成名作《現代政治思想的基礎》並不是依照脈絡主義的原則所寫。Quentin Skinner, *The Foundation of Modern Political Thought* (Cambridge: Cambridge University Press, 1973). 有關史基納的思想史構想，請詳見本書第六、七章。

7 Ernst Cassirer, "Giovanni Pico Della Mirandola: A Study in the History of Renaissance Ideas (Part I)," *Journal of the History of Ideas Journal of the History of Ideas*, 3: 2 (1942), pp. 123-144; Ernst Cassirer, "Giovanni Pico Della Mirandola: A Study in the History of Renaissance Ideas (Part II)," *Journal of the History of Ideas Journal of the History of Ideas*, 3: 3 (1942), pp. 319-346.

德國的猶太學者克里斯提勒（Paul Oskar Kristeller, 1905-1999）在《觀念史學報》第三期發表了義大利文藝復興時期人文主義學者菲奇諾（Marsilio Ficino, 1433-1499）的思想，此後也經常投稿該刊，並於五、六〇年代陸續出版文藝復興哲學家的思想著作。[8] 卡西勒、克里斯提勒與藍道（John Herman Randall Jr., 1899-1980）合編的《文藝復興人的哲學》（*The Renaissance Philosophy of Man*, 1956），對哲學史與觀念史的研究影響深遠。[9] 藍道本人也經常賜稿給《觀念史學報》。另一位猶太移民，拜仁（Hans Baron, 1900-1988）的《早期義大利文藝復興的危機》（*The Crisis of the Early Italian Renaissance: Civic Humanism and Republican Liberty in an Age of Classicism and Tyranny*, 1955）與《十五世紀初佛羅倫斯與威尼斯的人文與政治文學》（*Humanistic and Political Literature in Florence and Venice at the Beginning of the Quattrocento*, 1955）是稍後時期觀念史的重要著作。[10] 其他重要的歐陸移民觀念史家還包括哲學史家闊納（Richard Kroner, 1884-1974）、古典學者耶嘉（Werner Wilhelm Jaeger, 1888-1961）以及中文世界相對熟悉的康托洛維奇（Ernst Hartwig Kantorowicz, 1895-1963），其代表作《國王的雙體》（*The King's Two Bodie*, 1957）近年被翻譯成中文，頗受注目。[11] 在此書完成之前，康托洛維奇已在《美國歷史評論》（*American Historical Review*）、《哈佛神學評論》（*The Harvard Theological Review*）上發表政治神學或政治思想的相關文章。海德格的學生勒維士（Karl Löwith, 1897-1973）移民到紐約，於四〇年代末出版《歷史中的意義》

（*Meaning in History*, 1949）。[12]另外一位屬於稍晚世代的歐洲移民，也是中文世界熟悉的觀念史家是彼得・蓋依（Peter Joachim Gay, 1923-2015），他從五〇年代開始發表許多關於十八世紀至二十世紀的思想人物的世界觀。就在以撒・柏林——本身也是一位從俄國移民至英格蘭的猶太知識人——發表上述文章那一年，蓋依出版了《啟蒙運動》（*The Enlightenment: An*

---

8 Paul Oscar Kristeller, "Theory of Immortality of the Marsilio Ficino," *Journal of the History of Ideas*, 1: 3 (1940), pp. 299-319; Paul Ozcar Kristeller, *The Classics and Renaissance Thought* (Cambridge: Harvard University Press, 1955); *Eight Philosophers of the Italian Renaissance* (Stanford: Stanford University Press, 1964).

9 Paul Kristeller and John Randall Jr. eds., *The Renaissance Philosophy of Man* (Chicago: The University of Chicago Press, 1950).

10 Hans Baron, *The Crisis of the Early Italian Renaissance: Civic Humanism and Republican Liberty in an Age of Classicism and Tyranny* (Princeton: Princeton University Press, 1955; 1966); *Humanistic and Political Literature in Florence and Venice at the beginning of the quattrocento; studies in criticism and chronology* (Cambridge: Harvard Univ. Press, 1955; 1968).

11 Ernst Kantorowicz, *The King's Two Bodies: A Study in Mediaeval Political Theology* (Princeton: Princeton University Press, 1957).

12 Karl Löwith, *Meaning in History: The Theological Implications of the Philosophy of History* (Chicago: Chicago University Press, 1949).

*Interpretation*, 1966）一書。[13] 簡言之，從歐陸，尤其是哲學之鄉與精神史書寫的濫觴德國出走的學者，為新大陸以及英語世界哲學史與觀念史提供了極為豐饒的養分。

同樣是從德國（漢堡）逃到北美的藝術史家潘諾夫斯基在一九二四年發表《觀念：一個藝術理論的概念》（*Idea: A Concept in Art Theory*）一書。根據他自己的說法，他的思考呼應卡西勒稍早之前在沃伯格圖書館（Warburg Library）的演講「觀念與靈魂：柏拉圖《對話錄》中美與觀念之問題」（Eidos und Eidolon: Das Problem des Schönen und der Kunst in Platons Dialogen）。[14] 潘諾夫斯基將觀念研究與圖像研究結合，建立「圖像學」（iconology）方法。潘諾夫斯基於一九三三年移居北美之後，陸續出版《圖像學研究》（*Studies in Iconology*, 1939）、《杜勒的生活與藝術》（*The Life and Art of Albrecht Dürer*, 1943）、《早期尼德蘭繪畫》（*Early Netherlandish Painting, Its Origins and Character*, 1953）等，深刻影響北美乃至英語世界的藝術史研究。潘諾夫斯基認為圖像經常隱藏畫家所要傳達的觀念，所以讀畫者不能僅就畫面構圖與一般意義來了解畫作。此外，畫作必然乘載了個人與文化意義，讀者必須從圖像所生成的文化來對讀圖像，才能掌握到圖像更深層的意義。顯然的，潘諾夫斯基既受到觀念論哲學的影響，也呼應了精神史的基本信念——從圖像連結到觀念，必須依賴分析的方法，從文化理解到圖像閱讀，必須仰賴詮釋。與本文比較有關係的部分是，這群以大紐約地區為中心的德國流亡學者從各自的專業出發，而與歷史研究以及觀念分析產生交集。這應該是觀念史在一九四〇年代初興起的學術與社會背景。[15]

13 Peter Gay, *The Enlightenment: An Interpretation: The Rise of Modern Paganism* (New York: Alfred A. Knopt, 1966). 三年後，他發表了本書的姊妹作《啟蒙運動：一種詮釋：自由的科學》（*Enlightenment: An Interpretation: The Science of Freedom*, 1969）.

14 潘諾夫斯基指的是卡西勒的演講稿，*Eido und Eidolon*（觀念與靈魂），該稿後來成為《沃伯格演講圖書集》的第二冊（一九二二—二三），潘諾夫斯基的書籍則是第五冊。沃伯格圖書館是阿比沃伯格（Aby Warburg, 18-1929）於漢堡的私人圖書館。該館於一九二六年擴建而成沃伯格研究所（Warburg Institute），成為有志於藝術史、科學史學者聚會討論的場所。因為納粹政權崛起，沃伯格家族於一九三三年將沃伯格研究所遷往倫敦。一九四四年後，該研究所成為倫敦大學其中一個學院。參考 Ernst Hans Gombrich, *Aby Wargurg: An Intellectual Biography with a Memoir of the History of Library by F. Saxl* (London: Phaidon, 1996).

15 大紐約地區的猶太離散知識社群是個非常值得仔細研究的課題。首先，此一社群知識人數量之多以及個別才能之傑出，可能遠超過一般浮光掠影的印象所能認識。除了上述這些在社會與人文學科上各有傑出表現的人才，此猶太社群還包括曾經獲得諾貝爾文學獎的托馬斯曼（Thomas Mann），另一位法蘭克福學派學者馬庫斯（Herbert Marcus, 1898-1979），文學理論家、文化學者卡勒（Erich von Kahler, 1885-1970）、小說家布洛赫（Hermann Broch, 1886-1951），當然還有最有名的普林斯頓新住民愛因斯坦等等為數相當多的重要文化人與科學家，都在一九四〇年前後來到北美大紐約區。但是，既然是離散群體，他們之間的互動與過從就不能以正常社群視之，尤其是他們當中有許多人只是短暫居留在大紐約區，例如雖然托馬斯曼與卡勒、愛因斯坦等人交往密切，但他只在普林斯頓住了三年。阿多諾居住在紐約時間也不長，這使得他們北美時期的重要性需要更精確的分析與判斷才能確認。所以要了解這些人，甚至整個猶太群體在北美的智識影響，絕對需要細緻的研究以及從歐洲出逃到北美的人文學者當然遠遠不只上述這些人，而這些人也遠遠不是促進觀念史發展的所有心靈。早期在《觀念史學報》上發表文章的學者來源相當多元，其中包括英國邏輯哲學家羅素（Bertrand Russell, 1872-1970）與美國實證主義哲學家杜威（John Dewey, 1859-1952）。[16] 文章主題也包羅甚廣，從科學、心理學、文學、哲學、人物、著作、科學機構等等不一而足。洛夫裘依在創刊號發表〈觀念史的反思〉（*Reflections on the History of Ideas*, 1940）一文，顯然有發刊詞的用意。[17] 他在文章中提到，鑒於史學的專業化與分科化，許多史家即使意識到哲學上的觀念對其所研究的文學與科學（史）有重要影響，卻苦無時間與方法來理解。洛夫裘依說，原因不單是因為理解哲學觀念需要大量的哲學文獻的閱讀與訓練，更因為一般的哲學史書寫未能提供史家的需要。[18] 「觀念史」的重點自然是「觀念」與「歷史」。洛夫裘依認為，歷史要能探討歷史人物的「思考、情感、想像、價值判斷」。更具體而言，《觀念史學報》希望能為以下研究提供發表園地：

1. 古典如何影響現代思想（modern thought），歐洲傳統如何影響美國文學、藝術、哲學、社會運動。
2. 哲學觀念（philosophical ideas）如何影響文學、藝術、宗教、社會思想，包括品味、道德、教育理論與方法的標準。

3. 科學發現與理論在其自身領域以及哲學領域中的影響。
4. 影響廣泛的觀念或核心理論（ideas of doctrines）的歷史發展與效應，例如演化、進步、原始主義、人類動機與對人性的評斷，有關自然與社會的機械論與有機論，形上與歷史決定論與未決定論（indeterminism），個體主義與集體主義，國族主義與種族主義。[19]

洛夫裘依這段話有幾點值得注意。第一，他顯然認為文學史對於理解歷史有重要地位，卻又不滿於一般文學史寫作對重要觀念的忽視。誠如前述，德國精神史著作就普遍認為文學著作是理解歷史心靈、知識、世界觀、思想的重要窗口，只是洛夫裘依特別強調觀念這一元素。第二，洛夫裘依強調古典觀念對「美國」的影響，說明觀念史，正如後來的思想史一樣，

綜合性的討論，也是一道非常值得研究的學術課題。本書此處只是拋磚引玉，從知識社會學的角度說明觀念史之濫觴何以出現在北美。

16 Bertrand Russell, “Byron and the Modern World,” *Journal of the History of Ideas,* 1: 1 (1940), pp. 24-37. John Dewey, “James Marsh and American Philosophy,” *Journal of the History of Ideas*, 2: 2 (1941), pp. 131-150.

17 Arthur Lovejoy, “Reflections on the History of Ideas,” *Journal of the History of Ideas,* 1: 1(1940), pp. 3-23.

18 Arthur Lovejoy, “Reflections on the History of Ideas,” p. 6.

19 Arthur Lovejoy, “Reflections on the History of Ideas,” p. 7.

具有國家與地域關懷。第三，宣言中所提及的幾個議題反映了當時知識界所關心的方向。

將文學家與文學作品視為歷史研究的重要對象，尤其是人類思想狀況的重要參考，或許會讓熟悉中文世界思想史的讀者稍感迷惑，畢竟在中國思想史中，相較於經、史、子部書籍，文學家或文學家作品其實處於相對邊緣的地位。[20]如前所述，在德國精神史寫作裡，文學（家）是重要的構成內容。德裔的洛夫袞依雖然在一歲左右就已經移居美國，但作為歐陸哲學的學者，他的知識圈其實延續相當濃厚的德國知識傳統。他早期主要研究與浪漫主義相關的課題。他主要的觀點是認為，將啟蒙（Aufklärung）之後的思想氣氛（一七八〇年代—一七九〇年代）稱之為「浪漫主義」是錯誤的，因為浪漫的觀念存在於許多不同的時代。但是一七八〇年代至一八三〇年代可以稱為「浪漫主義時期」，因為有些觀念成為聚光燈下的明星觀念，人們反覆使用，儘管不同作家在使用這些觀念時，其語意各有輕重不同。史家的工作就是找出這個主要觀念，分析不同作家使用時的共相。例如十八、十九世紀之交強調現代藝術，所謂現代，其關鍵觀念是相對於先前的「有限」的「無限」或永恆，所謂浪漫，是指「無限之藝術」（Kunst des Unendlichen），此一新價值迅速在其他領域蔓延影響。[21]洛夫袞依認為，在找出共享的重要觀念之後，史學工作者需要進一步將此一關鍵觀念與其他許多觀念進行「邏輯的、心理的、歷史的」三重關係的重建。[22]透過「邏輯的與心理的」分析，史家可以建立「組叢觀念」（unit-ideas）作為平台，在此上進一步細分相同觀念在不同歷史人物身上的作用。

洛夫裘依宣稱，許多社會史家、政治史家在處理浪漫（主義）時，經常忽略重要觀念的歷史，因為他們忽略了一個事實，許多重要的政治觀念，原本就是美學的與宗教的觀念。他舉了「完整」（das Ganze）、「奮進」（Streben）、「獨特」（Eigentümlichkeit）三個觀念做例子，連結到他關心的核心——希特勒（Adolf Hitler, 1889-1945）代表什麼樣的時代，或反映了何種意見氛圍。[23] 洛夫裘依論道，康德在《純粹理性批判》中描述有機整體觀的時候說，「部分」只是為了整體而存在的工具（Werkzeug）。康德這個浪漫前期的觀念，後來快速進入形上學、道德哲學、政治學領域。「整體之觀念」（The Idea of the Whole）的政治實踐就是國家（the State）。洛夫裘依結論道，沒有整體觀念做預先舖陳，政治的整體主義（totalitarian

---

20 魏晉到隋唐是中國文學，尤其是韻體文與詩歌發展的高峰，但它們極少進入現代思想史家的視界。有唐一代思想史研究，相對於其他朝代也明顯單薄。多數精彩的思想史作品，多以佛、道宗教思想為主要內涵。此一情況近年稍有轉變，但其研究方式與德國精神史傳統大異其趣。參考陳弱水，《唐代文士與中國思想的轉型》（廣西：廣西師範大學出版社，二〇一六；台北：臺灣大學出版社，二〇二二）。

21 Arthur Lovejoy, "The Meaning of the Romanticism for the Historian of Ideas," *Journal of the History of Ideas*, 2: 3 (1941), pp. 257-278, 263-264.

22 Arthur Lovejoy, "The Meaning of the Romanticism for the Historian of Ideas," pp. 257-278, 264.

23 Arthur Lovejoy, "The Meaning of the Romanticism for the Historian of Ideas," pp. 257-278, 272.

ideology）很難擅場。國家作為意志力量的肉身，它持續為擴張、外在的力量、超越的疆界而奮進，乃是一種天職。洛夫裘依在此率直地評論，無怪乎尼采會成為希特勒之後的德國首席哲學家，而希特勒則是庸俗版的浮士德——「他總是昂揚奮進」（der immer strebend sich bemüht）。[24] 最後，「獨特」或特別、特殊，從文藝、美學領域被政治挪用之後，成為了國族主義的重要觀念。族群的自愛，很容易自認自己族群的「血統、民族精神（Volksgeist）、傳統、機構與制度」會優於其他劣等民族。[25]

如果說觀念史是德國哲學與哲學史學術雙親在美國生下來的英語學術嬰兒，這話應該只有輕微的誇飾，而環繞在《觀念史學報》作者群之間的哲學家、文學批評家們則是助產士。同是來自德國的猶太流亡學者史畢澤（Leo Spitzer, 1887-1960）對這學術新生命的身分表示疑慮，希望他認祖歸宗，恢復「精神史」的姓氏。[26] 他在《觀念史學報》發表一篇文章批評洛夫裘依的觀念史研究，認為不同時代之間的觀念不會是連續的。他說：

> 我不相信「洛夫裘依所提三個觀念」它們之間的歷史連續性。我不認為歷史性的運動可以透過分析式的「觀念史」加以說明，洛夫裘依本人是此學術假說最直白，最著稱的代言人。我只接受「強調」綜合的精神史，不接受分析的觀念史（我不認為精神史可以被翻譯成「觀念史」，它將複雜多元整合成一個統一體）。[27]

史畢澤果斷堅決的語氣完全符合德國權威教授的氣派。他接著表示：

我不用英語界習用的智識史（intellectual history），因為這個詞過度強調智識（over-intellectual connotation），「卻沒能包含德文的精神（Geist），人類心靈（mind），也就是情感（feeling）的所有的創造的衝動。布列摩（Abbé Bremond, 1865-1933）的《法國宗教情操之文學史》（*Histoire littéraire du sentiment religieux en France depuis la fin des guerres de religion jusqu'à nos jours*, 1916）是精神史，不是智識史。[28]

24 洛夫裘依發表此文之時，歐戰正方興未艾。他若有所指地說：「希特勒講出他笨拙的思想，離他那邪惡之日還有很長一段路要走。所以，人總要先奮鬥了才能看清楚他可以做什麼。」"But Hitler puts the awkward thought from his mind; the evil day is at least a long way off; also, erst Kampf, und dann kann man sehen was zu machen ist." Arthur Lovejoy, "The Meaning of the Romanticism for the Historian of Ideas," pp. 257-278, 275.

25 Arthur Lovejoy, "The Meaning of the Romanticism for the Historian of Ideas," pp. 257-278, 277

26 雖然偉列克已經歸化成為美國人，他在提及「觀念史」的時候，依舊強烈表示這是一群美國人所建立的研究方法。"In recent decades, a whole group of American scholars have devoted themselves to a study of these questions, calling their method the 'History of Ideas,' a somewhat misleading term for the specific, limited method developed and advocated by A. O. Lovejoy." René Welleck and Austin Warren, *Theories of Literature* (New York: Harcourt, Brace and Company, 1949), p. 108.

27 Leo Spitzer, "Geistesgeschichte vs. History of Ideas as Applied to Hitlerism," *Journal of the History of Ideas*, 5:2 (1944), pp. 191-203, 191.

28 "I do not use the English expression 'intellectual history,' because of the over- intellectual connotation of this term, which

儘管史畢澤強烈呼籲回歸精神史世系，但已經歸化為英語世界學術公民的「分析式的觀念史」，以及他在英國表兄弟「分析的智識史」終於還是在三十年後卓然獨立，並且開枝散葉。

相對於精神史的衰微，觀念史與智識史後來成為了現代學者喜歡的書寫風格。其中的原因應該不只一端，但現代學術生活的形態與生產模式，顯然更有利於分析式的觀念史與智識史，而不利於綜合式的精神史寫作。現代學院歷史研究的表現形式集中於書寫，而歷史書寫不外兩大類，一為重構與彩繪，一為提問與解釋。前者著重綜合，擅長於表現出時代特性、歷史（民族國家）特質、給予過往可辨識的樣貌。後者著重分析，提出歷史問題，嘗試提供某一面向的解答——越想要面面俱到，越想要綜合，就越不容易出彩，越需要耗費更多時間準備、咀嚼史料、構思、通盤理解。綜合性的書寫不只需要更長的醞釀，大彩繪的歷史圖構通常會以書本，尤其是多卷部的書冊形式來展現，也不適合現代期刊、學報這種載體。既然現代學術生活的基礎是論文與學報，分析的觀念史與智識史更切近現代學者的思考、選題、寫作，甚至生活習慣——例如發表與職別審評的時程。

## 第二節 智識史作為一種思想史

觀念史在北美開始生根茁壯之時，大西洋彼岸的思想史以相對緩慢，且不同的方式前進。相對於北美學者強調「觀念」，並習慣以觀念史（history of ideas）自稱其研究，英國學界在上世紀八〇年代之後，普遍以智識史（intellectual history）來稱呼自己的研究人類心智（靈）活動及其結果的歷史。廣義上，intellectual 指與心智有關的活動與結果，而其狹義則專指智識分子或知識人。學者在使用 intellectual history 時，並不會刻意區分兩種層次的指涉，而且在大多數的例子上，英國學者的相關研究都相當注重「人物」或思考主體。儘管洛夫裘依以倡議觀念史著稱，他自己也常用 intellectual history 一詞。只是對他而言，思想史家（intellectual historians）的主要工作是將觀念，也就是人類心智活動最關鍵的產物視為材料、史料、物件來分析，希望達到重建時代思想風貌的目的。這類視「觀念」為「客觀存在的歷史資料」，是歷史建構要件的史學工作者，比較不會考慮歷史人物本身的生命遭遇、主

does not include, as does the German word Geist, all the creative impulses of the human mind (e.g., feelings): the *Histoire litteraire du sentiment religieux en France* of Abbe Bremond is Geistesgeschichte, not intellectual history." Leo Spitzer, "Geistesgeschichte vs. History of Ideas as Applied to Hitlerism," *Journal of the History of Ideas*, 5: 2 (1944), pp. 191-203, 191, note 1.

觀判斷與抉擇等等事件或因素，也比較不會考慮歷史人物與環境的不斷互動。[29] 相對而言，智識史史家比較注重人物的思考過程與其他歷史條件互動的意義，只是這類史家所關注的「人」多數是知識界的大人物。

觀念史之所以能成為北美一股研究趨勢，除了歐陸哲學與歐陸流亡學人的湧入（他們幾乎群聚在大紐約地區）等積極條件有關，但也與馬克思主義或社會主義的相對薄弱有關。此一消極的原因，間接鼓勵了觀念與意識形態的研究興趣。相反的，英國在三〇到四〇年代目睹許多學院中人同情左派理想。誠如前述，牛津大學因為長期關注社會運動，歷史學者也開始多注意工人、階級、權力壓迫、殖民的歷史，也因此他們對歷史中的多樣價值、思想與觀念並不特別傾心。[30] 相對的，在劍橋大學，同情左派的歷史學者，例如講授德國文學的著名左派學者巴斯卡（Roy Pascal, 1904-1980）就在三〇年代底被迫離開劍橋到伯明罕大學。當然，這並不是說四〇年代的牛津沒有廣義思想史的研究，或劍橋大學沒有左派史家或學者。例如以《人與社會》（*Man and Society: A Critical Examination of Some Important Social and Political Theories From Machiavelli to Marx*, 1963）一書而著稱的政治思想史家普拉莫納茲（John Plamenatz, 1912-1975）當時就任教於牛津，並早在一九四九年就出版了《英國樂利主義者》（*The English Utilitarians, with a reprint of Mill's Utilitarianism*）。著名的觀念論哲學史家與古典學者柯靈烏也在牛津授課。只是，雖然柯靈烏身後出版的《歷史的理念》

（1946）影響後代頗大，尤其是對思想史的方法論討論貢獻匪淺，但無論是他本人或其學生，並沒有史學意義上的思想史著作問世。反觀，雖然劍橋的左派學生運動也如火如荼，甚

---

29 "When the intellectual historian of a period has thus considered the logical and the hypothetical psychological relations of the major unit-ideas which he has found prevalent in the period, he must then, of course, return to the historical data, to observe how far the logical relations between these ideas were in fact manifested as operative factors in the thought-tendencies of the time, and what psychological relations among them can be actually seen at work in the minds of their spokesmen." Arthur Lovejoy, "The Meaning of the Romanticism for the Historian of Ideas," pp. 257-278, 266. 換言之，洛夫裘依還是守著德國或歐陸學術裡的大歷史建構，大歷史彩繪的企圖。

30 二〇一一年底，英國歷史學會的通訊雜誌 *History Today* 票選過去六十年的「五大歷史學者」，分別為布勞岱（Fernand Braudel, 1902-1985. 代表作《菲力普二世時期的地中海世界》，*La Méditerranée et le Monde méditerranéen à l'époque de Philippe II*, 1949），湯普森（代表作《英國工人階級的興起》，*The Making of the English Working Class*, 1963），霍布斯邦，泰勒，卡爾（E. H. Carr, 1892-1982），除了布勞岱，其他四位都是公開宣稱的馬克思主義史家。這名單當然完全不能說明學者的學術成就，但是很能說明左派史學在英國歷史學系畢業生之中的知名度與影響力。有關英國左派史家的研究，可參考 Harvey J. Kaye, *English Marxist Historians: An Introductory Analysis* (Cambridge: Polity Press, 1984). 周樑楷，《從湯恩比到霍布斯邦：英國左派史家的世紀》（台北：商周出版社，二〇一七）。

至有多人志願協助蘇聯對歐美的情報，[31]並產生多位左派史家如霍布斯邦與基南，[32]但在四〇、五〇年代，左派史家在劍橋校園的影響力甚小，反倒是傳統的輝格史學透過崔福林（G. M. Trevelyan, 1876-1962）的影響而持續存在。在這樣的學術氛圍中，思想史寫作於是慢慢發展開來。相對於左派史家在一九五六年創辦《過去與現在》(*Past and Present*)學報，以集體的努力讓社會史成為主流次學科，思想史的推動並無集體或學派的制度性支援，而毋寧是一些個別史學工作者自主的發展，只是許多因緣巧合讓劍橋在七〇年代後成為當時英語世界的思想史研究重鎮。

在一九四〇年代，巴特菲爾特（Herbert Butterfield, 1900-1979）是劍橋教員中從事廣義思想史研究的少數學者之一。他著作不少，但於今最有影響力的著作可能是一本叫做《輝格歷史解釋》（*The Whig Interpretation of History*, 1931）的小書。此書在歷史學上的重大價值，在於提醒學者省視自身的價值與立場，不要為合理化自己所處時代的立場，而將歷史描述成一路往自己時代價值靠近的直線發展。這就是後來學界常引以為戒的「輝格式史觀」。從學院的文體來說，此書屬於史學的研究（historiography，也可以譯為史學史），但因為整本書的工作在於將一種歷史書寫概念化，所以呈現了史學寫作背後的「史家的思想」與「史學觀念」。[33]巴特菲爾特的學生波卡克（J. G. A. Pocock, 1924- 2023）是五〇年代之後，以史學史角度切入思想史研究的代表性學者。他的博士論文後來於一九五七年出版，即為《古代憲政與中古封建法》（*The Ancient Constitution and the Feudal Law*）。本書的研究主旨不在於研究或重構古代憲政與中世紀封建法規的樣貌，而是討論十七世紀的政治人物與法學家如何構想古代憲政、人民、權利這些概念，從而參與或批評現實政治。正如這本書的副標題所言，波卡克的研究對象，其實是十七世紀菁英階層的歷史意識或歷史思想。[34] 波卡克的史學史式思想史，顯然是受到巴特菲爾特的影響而開花結果。波卡克在一九七五年出版《馬基維利時刻》（*The Machiavellian Moment*），講述西方現代共和主義的傳統如何從義大利文藝復興時期的馬基維利渡過英吉利海峽到達英格蘭，在眾多共和主義者尤其是哈靈頓（James Harrington, 1611-1677）的手上以另一種面貌影響著英國的政治地景；爾後又漂洋過大西

31 一九六〇年之後，英國政府陸續發現早在一九三〇年代開始就有劍橋學生暗中傳遞資料給蘇聯，其中五人被稱為劍橋五間諜（Cambridge Five），包括 Donald Mclean (1913-1983), Guy Burgess (1911-1965), John Caimcross (1913-1995), Anthony Blunt (1909-1983), Anthony Philby (1912-1988).

32 與他們的牛津左派學友命運不盡相同，前者終生任教於倫敦大學的博貝克（Birkbeck）學院，後者終生任教於愛丁堡大學。

33 Herbert Butterfield, *The Whig Interpretation of History* (1931; New York: N. N. Norton, 1965).

34 J. G. A. Pocock, *The Ancient Constitution and the Feudal Law: A Study of the English Historical Thought in the Seventeenth Century* (Cambridge: Cambridge University Press, 1957; 2nd Edition 1987). 其實本書的一九八七年再版，加入了十八世紀共和主義者的討論，所以副標題應該略加修正才是。

洋，影響了北美的政治。此書主題是個有機的思想史的故事，是波卡克影響比較深遠的學術著作。雖然在本書中，以往的「波卡克式的史學史思想史」風格似乎已經不明顯，但因為習慣以史學史軸線思考歷史問題，使得波卡克的著作幾乎都有鉤沉思想源流的特色，傾向從長時間的歷史發展看問題，看歷史的持續與變化。波卡克晚年自承其學術底蘊是史學史，是以史學史的研究範式來研究歷史上的政治思想，應該是夫子自道。[35] 波卡克的（政治）思想史特色是注重不同時空或社會菁英在討論同一種政治意識形態時，如何發展出不同套疊的政治語言，歷史學者的工作正是要找出社會與語言的關係——互為因果的關係。

波卡克完成博士學位後，滯留劍橋的時間並不長。在五〇到六〇年代長駐於劍橋並對思想史研究有明顯影響的教員應屬拉斯利（Peter Laslett, 1915-2001）以及佛布斯（Duncan Forbes, 1922-1994）。拉斯利的學術重心是家庭史與人口史。在十七世紀政治思想史中，屬於國王派的菲爾默（Robert Filmer, 1588-1653）就利用自然法與家庭中的父權來解釋統治者與被統治者的關係。這個家庭議題的連結，讓拉斯利關注菲爾默以及革命派的洛克（John Locke, 1632-1704）的檔案與藏書。他透過劍橋歷史系教授崔福林的介紹得以接觸藏在貴族家中的菲爾默的手稿，開啟菲爾默研究的新頁。[36] 後來拉斯利又接觸到洛克的藏書並從中發現，洛克寫作《政府論二講》（*Two Treatises of Government*）的時間是一六八三到一六八四年間。在此之前，學界中有許多人認為洛克發表《政府論二講》目的在於事後合理化光榮革命（1688）。但拉斯利的發現讓他相信，洛克的寫作目的在於反駁菲爾默君權神授理論，鼓吹政治革命。拉斯利揭示了研究政治哲學家的時候，尋找新史料的重要；對歷史文獻做基本的時序定位，可以獲得對（政治）思想家的重新、正確的理解。[37]

劍橋這幾位思想史家都有一個共同的特色，就是對於「思想史」該怎麼做，有非常自覺的反省與思考。[38] 嚴格說來，拉斯利的方法啟示是比較聚焦在智識（分子）史，也就是如何研究一位智識分子的學、想、行、作。他的方法強調新文獻、新檔案的重要以及對於寫作時間的精確掌握。簡單說，就是以歷史學訓練的基本方法來研究智識分子。他曾經說過最有名的一句話應該是：「政治哲學已死」。這話有劍橋人慣有的慧詰與挑釁，也反映出當時新

---

35 J. G. A. Pocock, "On the unglobality of contexts: Cambridge methods and the history of political thought," *Global Intellectual History,* 4: 1 (2019); pp. 1-14, 2.

36 Emile Perreau-Saussine, "Quentin Skinner in Context," *The Review of Politics*, 69: 1 (2007), pp. 106-122.

37 Kari Palonen, *Quentin Skinner: History, Politics, Rhetoric* (Cambridge: Polity Press, 2003), pp. 11-20.

38 筆者刻意忽略另一位經常被波卡克、史基納提及的同輩學者唐恩（John Dunn, 1940-）。唐恩也受到拉斯利的影響，強調研究政治理論必須同時注意人物在歷史中的作用，也就是 agents，用唐恩自己的話說就是 humans，而不能只分析抽象觀念。不過相較於史基納，尤其是波卡克，唐恩的興趣明顯傾向於政治理論而非歷史。John Dunn, "The Identity of the History of Ideas," *Philosophy,* 43: 164 (1968), pp. 85-104.Carl K. Y. Shaw, "Quentin Skinner on the Proper Meaning of Republican Liberty," *Politics*, 23: 1 （2003）, pp. 46-56.

與社會學對政治哲學的挑戰；不過，如果說死亡是歷史的開始，那這句話就預示了史學工作者可以開始嚴肅思考，如何將政治哲學納入歷史研究了。波卡克的研究對象雖然也屬於菁英階層，但他的寫作比較是以議題，以及歷史變遷為討論對象，而不是以單一智識分子為核心。表面上看，波卡克的文體與洛夫喬伊的觀念史非常接近，都在處理觀念的演變，但如果仔細閱讀比較，就會發現波卡克大量利用特定社會中的政治與經濟條件，說明個別作家如何使用某個看似相同的觀念的特殊之處。而洛夫喬伊，一如後來的英國觀念史家以撒・柏林，都是在盡力分析、分疏不同作家使用相同觀念時，這觀念內部（哲學）意義的細緻差別。所以讀洛夫喬伊與以撒・柏林著作，我們可以發現某一觀念在不同思想家身上的精微差異與隨之而出的不同底蘊。相較於柏林，洛夫喬依的寫作更能體現不同時代的思想氣氛，但思想氣氛的不同，是因為觀念組件的不同有以致之，而不涉及政治與社會條件。但閱讀波卡克，我們可以從社會變遷看出觀念的不同作用，也可以從不同觀念的使用，側窺社會與時代的變遷。

無論是拉斯利或波卡克，都強調文獻的重要，前者著重在新史料，後者著重在閱讀文獻的方法，而與七〇年代以後的「文本方法論」有些交集。[39]至於佛布斯的方法反省就比較不能與上述文本方法論的辯論預流。佛布斯是位特異獨行的學者。他曾經表示，欲成為專業觀念史研究者，就是願意待在「此專業的邊緣」。[40]他的第一本著作是大學時期在巴特斐爾特指導下於一九五二年完成的論文《國教自由派的歷史觀念》（*The Liberal Anglican Idea of History*）。[41] 或許與他出身於蘇格蘭的背景有關，爾後他轉而關注十八世紀蘇格蘭啟蒙思想。他一方面在劍橋開設「劍橋特別課程蘇格蘭啟蒙」，修課學生包括後來屢屢被稱為思想史「劍橋學派」的約翰鄧恩（John Dunn, 1940-）以及史基納（Quentin Skinner, 1940-），此外還有以研究蘇格蘭啟蒙而聞名的尼古拉斯菲利普森（Nicholas Phillipson, 1937-2018）以及研究維多利亞思想史以及十九世紀歐洲思想史著稱的約翰巴若（John Burrow, 1935-2009）。另一方面佛布斯從一九五〇年代初開始連續發表幾篇開創性的文章，分別處理幾位重要的蘇格蘭思想家如大衛休姆、亞當史密斯（Adam Smith, 1723-1790）、詹姆士米爾（James Mill, 1773-1836）、約翰米勒（John Millar, 1735-1801）。這些人物在當時少有人關注，作為開創性的研究，佛布斯的貢獻就是勾勒其思想的特色。當然，佛布斯不是只是整理排比這些人物

39 此處所謂文本方法論是指以史基納為核心的思想史研究方法的討論。有關此論辯，下一節有比較詳細的說明。波卡克與拉斯利曾經有過知識上的交流。關於他們倆人與史基納的私人友誼與學術交往可參考，Richard Whatmore, 'Preface' to *The Machiavellian Moment* (Princeton: Princeton University Press, 2016), pp.vii-xii.

40 引自 John Burrow, "Duncan Forbes and the history of Ideas: an introduction to 'Aesthetic thoughts on doing the history of ideas,'" *History of European Ideas*, 27 (2001), p. 97.

41 Duncan Forbes, *The Liberal Anglican Idea of History* (1952; Cambridge: Cambridge University Press, 2006).

的思想文本，他提出「科學的輝格」、「科學的懷疑主義」等概念來分析這幾位思想家的思想特質，迄今回看，其實依然有相當的價值，只可惜繼續此一詮釋傳統的人極少。[42]

對於開創性作者而言，寫作的重點在於展示，而非反省自身或他人的方法。但是對於一個學界已經相當熟悉的主題，後來者想要在前人基礎上做出超越的貢獻，就必須在文獻上有所發現，或在方法上有所創新。佛布斯從一九六〇年代開始連續講授黑格爾近三十年，但似乎沒有發表相關的著作。[43]《休姆的哲學式政治學》（*Hume's Philosophical Politics*, 1975）或許是他最成熟也最有系統的學術論著。他在本書中意有所指地說，哲學式的政治理論家習慣以現實關聯的角度研究歷史上重要的哲學思想，但從歷史學者的角度來看，如果沒有足夠的細節，其實閱讀者並不能觀察出歷史事件與當代之間有何關聯性。[44]佛布斯面對政治理論家時採取了防禦式的立場與說辭，似乎急於說明史家也可以好好研究政治哲學（家）。佛布斯壓抑式的聲音大概與他研究黑格爾與德國觀念論有關，畢竟在黑格爾研究圈，哲學（史）家是壓倒性的主流，他們覺得歷史學者的研究就是為古代而古代，對於理解現實，解決現實問題沒有幫助。[45]

昆汀史基納應該是洛夫喬依之後，對廣義思想史方法論最熱衷，也最有貢獻的學者。史基納在大學時期主修歷史與哲學，與拉斯利、佛布斯、波卡克等人都有師生之誼。他的方法論文章明顯同情拉斯基、波卡克兩位學者。[46]幾乎與以撒・柏林發表感嘆英國觀念史的落

後同時，史基納於一七六九年發表了日後影響深遠的〈觀念史中的意義與理解〉（Meaning

---

42 他的學生尼古拉斯菲利普森（Nicholas Phillipson, 1937-2018）在七〇年代晚期研究蘇格蘭啟蒙思想時，曾經強調懷疑主義在此一啟蒙中的地位，並將懷疑論的智識態度歸諸於社會階層因素，認為休姆與史密斯代表中上階級子弟對於當時政治環境以及父執輩的世界觀採取反叛的態度。但菲利普森後來的著作中似乎已經放棄這條詮釋主軸。

43 佛布斯在黑格爾研究領域中比較著名的貢獻是為劍橋大學出版的黑格爾《世界史哲學演講錄導論》撰寫導論。Duncan Forbes, "Introduction" to *Hegel's Lectures on the Philosophy of the World History*, trans. by H. B. Nisbet (Cambridge: Cambridge University Press, 1975).

44 Duncan Forbes, "Introductory Preface," *Hume's Philosophical Politics* (Cambridge: Cambridge University Press, 1985), pp. vii-xii.

45 或可參考Stephen Houlgate, "Duncan Forbes, 1922-1994," *Hegel Bulletin*, 17:1 (1996), pp. 112-113. 這是哲學家侯凱（Houlgate）追思佛布斯的短文，侯凱公允地指出了佛布斯作為歷史學者，和一般黑格爾哲學研究者的差異。

46 史基納對於佛布斯的方法論並不滿意。菲利浦森曾面告，史基納曾私下評價佛布斯的講課是「恐怖的失敗」；史基納的看法肯定是純粹從嚴格的脈絡史學來著眼。在蘇格蘭啟蒙研究中，佛布斯因為站在導其先河的地位，他的論著旨／只在勾勒主人翁的思想特色，而不及於主人翁在整體蘇格蘭甚至歐洲思想中的位置與對話關係。作為黑格爾思想研究者，如果佛布斯要以脈絡化的方法研究黑格爾，必然有相當的難度，因為這表示佛布斯必須對十八世紀末到十九世紀初德國的思想界、政治史、經濟史、社會史、文化史有一定的掌握，才能讓學生在閱讀一頁黑格爾文獻時，有豁然開朗的理解。這對於講授外國史的先生而言，要求不可謂不重。反觀史基納一生都環繞在十六世紀西歐政治思想史與十七世紀英格蘭政治思想史，其歷史知識的儲備量不可同日而語。

and Understanding in the History of Ideas）一文。[47] 與佛布斯的防禦式說明不同，年輕的史基納以相當侵略性的筆調，陳述哲學史家研究歷史中的哲學（思想）的諸般缺陷。文中指出，許多哲學史家過度詮釋特定或經典文本（text），而忽略了同作者的其它文本，以及作者所要批評的對象所寫的文本。他稱這個多文本的分析為脈絡（contexts）。史基納的智識史方法因此被稱為脈絡主義。史基納自承此文被一些老牌學報拒絕刊登，最後在一九六〇年創刊的《歷史與理論》（*History and Theory*）發表。過了二十年，也就是一九八八年他的學生塔力（James Tully, 1946 -）將此文以及史基納其他四篇談論理解文本與研究智識史的文章收錄在《意義與脈絡：昆汀史基納及其批評者》（*Meaning and Context: Quentin Skinner and His Critics*）一書，此文至此成為一個時代的經典。[48] 一篇學術文章如何從到處碰壁到後來成為現代最重要的方法論文獻之一，顯然值得以知識社會學加以考察。史基納這篇少作——當時未滿二十九歲——出版之初應該沒有立即的影響。直到他在三十八歲出版《現代政治思想的基礎》（*Foundation of Modern Political Thought*），並隨後成為劍橋大學正教授之後，其影響力才逐漸釋放出來。首先是他於一九八〇年代初在劍橋大學出版社創立「脈絡中的觀念」（*Ideas in Context*）書系，並於幾年後再創立「劍橋政治思想史文本」（*Cambridge Texts in the History of Political Thought*）書系。透過劍橋出版社，他可以鼓勵（審查）符合其學術品味的著作。一九八八年《意義與脈絡》出版，史基納式的智識史得到了制度的加持而發揮更遠也更長久的影響。不過，雖然這些出版與學術權力因素對智識史的推動有極大助益，但史基納的文章及事業之所以終成江河，與史基納將文章設定為對哲學家書寫政治思想的反省，並為史學家大張其本有關。早慧的史基納在六〇年代大學畢業就被留在劍橋歷史系擔任講師，一度在普林斯頓高等研究院任職。一九七八年從美國回來後擔任劍橋的政治科學（political science）的教授，八〇年代末成為歷史學欽定講座教授。綜觀史基納的方法論，其實是以較

---

47 根據史基納自述，此文寫於一九六六至一九九七年間，也就是柏林在感慨英國觀念史與智識史的貧瘠之時。但文章初成時找不到地方發表，最後於一九六九年落角於新創立的學報 *History and Theory*。筆者揣測，此文之所以不受當時幾份重要學報青睞的原因應包括思想史方法論本來就不是史學界的主流。此外，從史學的一般見解來看，史基納強調的歷史主義或許會被認為是老生常談。但這篇文章之所以後來成為重要文獻，是它不再只是被放在史學圈內思考，而流溢到哲學、政治學等領域，成為跨學科的對話的橋樑或斷橋。可參考Skinner訪談，Teresa M Bejan, "Quentin Skinner on Meaning and Method," *Art of Theory* (Nov. 2011), p. 3.

48 James Tully, ed., *Meaning and Context: Quentin Skinner and his Critics* (Princeton: Princeton University Press, 1988). 值得注意的是，正如他在一九六九年將矛頭對準哲學史家一般，本書所錄批評者幾乎清一色都是哲學（史）家。二〇二一年七月七－八日，英國學術院（British Academy）舉行兩天的視訊會議，邀請各方學者發表他們對Skinner 在一九六九年發表的 "Meaning and Understanding" 的反省與批評。截至此一視訊會議之前，此文已經被引用超過三千次。'Quentin Skinner's "Meaning and Understanding" after 50 years: interdisciplinary perspectives', British Academy Online Conference, 7-8 July 2021.

諸佛布斯更為積極、開放、也更為挑釁的方式為歷史學確定學術價值，猶如當年的蘭克之於黑格爾。[49] 但因為哲學史家的回應，使得史基納成為橫跨史學、政治哲學（史）與哲學（史）都會關注的學者，也是少數歷史學界裡能持續吸引哲學系、政治學系、文學（批評）系的學生從學的學位導師。

史基納的方法論所涉層面相當廣，從修辭學、詮釋學到語言學都有所關聯。尤其他認為歷史研究不應該以「字詞史」（history of words）而應該以行動者，也就是歷史人物掌握何種概念（concept）為敘述的中心，藉此理解歷史人物行動之意義，值得從事跨文化研究者注意。[50] 不過，一九六九年出版，後來成為經典文章的〈觀念史中的意義與理解〉其實是一篇有破而少立的論著。其所要破者，大抵有七端：一，我們不該假設作者有系統性的理念或教義；二，我們不該假設作者寫作與論點一定有完整性與一致性；三，不能假設歷史上的作者預示了未來的思想走向或歷史；四，研究者不能只分析文本，就文本本身來重建作者的思想；五，不能純粹從社會經濟的背景來解釋文本與作者的思想；六，不能或不必強要說明誰被誰的思想所影響；七，不應該假設文本裡有永恆的問題。我們可以將這篇文章視為方法論的嚴格主義。畢竟，秉持忠於史實是所有史家的基本信條，但是思想史牽涉文本的詮釋，對於古人的用詞，有時難免會出現不同見解，導致不同的歷史解釋。清代乾嘉學者強調「訓詁明而義理明」，西方從狄爾泰、施來馬赫（Friedrich Schleiermacher, 1768-1834）等人以降發展詮釋學，目的都在解決古代文本閱讀的障礙與困難，反證了思想文獻閱讀的不易與歧義的普遍。史基納之所以可以宣示這些嚴格的、清教徒式的思想史方法，與他擅長於分析智識分子的書寫，尤其是單一作家的歷史有關。[51]如果一名學者致力於講述長時間的價值或觀念演變，或思想的故事，他就不得不冒著更大的詮釋風險，因為他必須試圖在跨作家、跨時間的眾多文本中，找出共同的主題、語言、源流、關懷、情感等等課題。既然每位歷史人物使用文字的習慣，做人處事風格不同，又加上史料永遠不足，如何透過有限史料勾連出這些人物的共同關懷與意向，又從中分析出差異，絕對不是容易的事。史基納的方法論設定了許多路障，希望研究者不要蹈入詮釋陷阱或歧途，這種謹慎態度完全可以理解，但這也同時說明

---

49 Quentin Skinner, "A Reply to my Critics," James Tully, *Meaning and Context: Quentin Skinner and his Critics* (Princeton: Princeton University Press, 1988), pp. 231-288.

50 Quentin Skinner, "Language and Social Change," in *Meaning and Context: Quentin Skinner and his Critics*, pp. 119-132. 此文是針對文學批評大家威廉斯（Raymond Williams, 1921-1988）的著作《關鍵字》（*Keywords: A Vocabulary of Culture and Society*. London: Croom Helm, 1976）所做的批評。

51 自從一九七八年發表《現代政治思想的基礎》，史基納的學術工作幾乎集中於十七世紀英格蘭政治思想，其中又以霍布斯為主要研究對象。即便是《現代政治思想的基礎》也是以個別思想家為綱的合輯，而不是以觀念或議題為綱目的通史著作。史基納如何評價綜論性的思想史通史，著實令人好奇。Quentin Skinner, *Foundation of Modern Political Thought* (Cambridge: Cambridge University Press, 1978).

了，為何學養如此豐富的史基納並未真正寫過跨文化、跨族群的思想史。[52] 無論如何，因為史基納的努力與影響，英國智識（分子）史（intellectual history）成為當代研究意識形態、價值、政治態度、世界觀、道德理念等等課題的全球重鎮，但其中其實充滿了方法論的緊張關係。

除了巴特菲爾特、拉斯利、波卡克、史基納等人這一條傳統，劍橋在五〇、六〇年代還有一位十八世紀教授普朗布（J. H. Plumb, 1911-2001）。普朗布本人不能算是觀念史或思想史學者，但是他的政治史研究卻與當時反對觀念分析的納米爾（Lewis Namier, 1888-1960）形成鮮明對比。納米爾認為，英國兩黨政治的特色與輝格或托利黨的政治意識形態關係不大。兩黨議員在個別議案上的協調、妥協、合作、對抗，才是英國政治的本質。換言之，政治理念、價值、意識形態不是分析或理解英國政治社會的關鍵。[53] 普朗布雖然不從事狹義的政治思想史研究，但他對於納米爾完全取消政黨原則來解釋英國政治的作法深不以為然。史基納、菲力普森等人都曾經是他課堂上的學生。他所指導的學生有多位都成了十八世紀研究的重要學者，包括研究主題多變，以消費史聞名的布魯爾（John Brewer, 1947-），英國史暢銷史家，以《公民》（*Citizens: A Chronicle of the French Revolution*, 1989）、《富者的尷尬》（*The Embarrassment of Riches: An Interpretation of Dutch Culture in the Golden Age*, 1987）聞名的夏瑪（Simon Schama, 1945-），英年早逝的著名科學史與醫療史家波特（Roy Porter,

1946-2002），以及思想史家巴若（John Burrow, 1935-2009）。巴若的研究重點在十九世紀英國史學思想以及歐洲思想，著有《演化與社會》（*Evolution and Society: A Study in Victorian Social Theory*, 1966）、《自由的後代：維多利亞史家與英格蘭的過去》（*A Liberal Descent: Victorian Historians and the English Past*, 1981）、《輝格與自由派》（*Whigs and Liberals: Continuity and Change in English Political Thought*, 1985）、《思維的危機》（*The Crisis of Reason: European Thought, 1848–1914*, 2000）等書。[54]巴若的主要目的在於反對巴特菲爾德對

52 劍橋大學出版社在上世紀八〇到九〇年代陸續出版「國族脈絡」書系，包括《國族脈絡下的啟蒙運動》（*The Enlightenment in National Context*, 1981）、《國族脈絡下的宗教改革》（*The Reformation in National Context*, 1994）、《國族脈絡下的文藝復興》（*The Renaissance in National Context*, 1991）等等。國族脈絡的系列應該是受史基納史學影響。雖然這些書系都是很好的學術作品，其中有許多經典文章，但是它們在單一國族內的精細分析，是以割裂歐洲的互動與交流為代價的。

53 可參考Lewis Namier, *The Structure of Politics at the Accession of George III* (New York: Palgrave Macmillan, 1978). 本書最早出版於一九二九年。

54 John W. Burrow, *Evolution and Society: A Study in Victorian Social Theory* (Cambridge: Cambridge University Press, 1966); *A Liberal Descent: Victorian Historians and the English Past*, 1981; *Whigs and Liberals: Continuity and Change in English Political Thought* (Oxford: Clarendon Press, 1985); *The Crisis of Reason: European Thought, 1848–1914* (New Haven: Yale University Press, 2000); *A History of Histories*: *Epics, Chronicles and Inquiries from Herodotus, Thucydides*

輝格歷史解釋的論斷。如前所述，巴特斐爾德認為輝格歷史觀以後世或現代人的價值觀來理解古人的思想與行為，造成時代錯置與對古人的誤解。此一提醒固然重要，也的確在波卡克的研究以及史基納的方法論中得到回響與實踐。但這也造成一個意想不到的後果，亦即使得十九世紀的歷史學與歷史思想蒙上了一層陰影，好像這些「輝格派史家」帶有原罪，不值得被看重、被研究。巴若研究的主要目的，就是想重新發掘英格蘭十九世紀史家的貢獻與意義。

巴若當然有他的道理，因為歷史研究的基本體認是，歷史研究並不排斥任何對象，只是更看重某些特對對象。蘭克說「所有時代都從上帝之處緊接而來，其價值不來自它的後續結果，而來自於其存在（過），來自於它自身。」蘭克說這話，目的是要批駁黑格爾的觀點；黑格爾認為歷史是逐次（螺旋式）的向上發展；黑格爾這話隱含的意思是，前一時代只是為了後面更高階段的準備，前代只是後代的過程或過度，而不是目的本身。這就是巴特菲爾德所謂的輝格史觀。但弔詭的是，根據巴特菲爾德的歷史主義，每一時代都因為其存在而自顯價值，那麼，輝格史觀的始作俑者十九世紀輝格史家與輝格進步主義者當然值得後世史家認真的對待，對他們進行「無偏的」研究——需要以歷史主義的態度，研究輝格主義的史學！[55]

正如其他許多從事思想史的專業學者，巴若並沒有太多關於如何研究觀念史或智識史的方法論文字。不過有兩件與英國思想史發展的史實值得在此提出。第一，巴若除了是普朗布的學生，其實他受到佛布斯的影響更大，並顯現在兩個面向上。第一，在佛布斯的課堂與著作上，巴若接觸到蘇格蘭啟蒙思想中的歷史演化觀。他的第一本著作就是以演化觀為主軸，考察十九世紀下半葉英國的法學（Henry Maine, 1822-1888）、社會學（Herbert Spencer, 1820-1903）、人類學（Edward Burnett Tylor, 1832-1917）的發展。[56] 表面上巴若也是以個別思想家為分析對象，但其實他更關心如何勾畫十九世紀英國知識發展的圖像，尤其是看似不同領域之間的共相。也是因為佛布斯的學術傳承與巴若個人的知識興趣，演化論成為他史學研究的核心課題。[57] 巴若晚年所出版的《理性的危機》同樣是致力於描述思想界的時代圖像，一種綜合論述而不是針對傑出思想家的專精研究。換言之，巴若的研究顯示出相當明

---

*to the Twentieth Century* (New York: Vantage, 2009).

55 此處我們可以對歷史主義做進一步討論。一般我們說「歷史主義」或「脈絡式的理解」，常常帶有合理化歷史人物言行的意圖。這就使得研究或討論歷史上的奸雄如希特勒，必須直面道德與史學方法的難題。但其實歷史主義或脈絡式理解不一定是「同情的理解」，常常無須對歷史懷抱著「溫情與敬意」（錢穆語）。在歷史學研究中，「同情的理解」的最佳解釋應該是對歷史（人物）具有「同理心」，可以想像在當時的條件、情況，歷史（人物）的抉擇與行為的理由，而不是要求讀史者強作解人，想盡辦法為古人說話、開脫。

56 J. W. Burrow, *Evolution and Society: A Study in Victorian Social Theory* (Cambridge: Cambridge University Press, 1966).

57 巴若甚至為企鵝出版社鵜鶘經典叢書中達爾文的《物種起源》一書撰寫導論。John Burrow, Introduction to Charles Darwin's *The Origin of Species by Means of Natural Selection* (Harmondsworth: Penguin Books Ltd, 1968).

顯的時代、歷史特徵，而與哲學史家或史基納、鄧恩這類集中於探究政治理論或語言的史家有明顯的不同。此外，巴若也是少數重要英國思想史家中對歐陸思想界有研究興趣與成果的學者，這應該也與佛布斯醉心於黑格爾的傳統有些關係。[58] 其次，巴若與柯里尼（Stefan Collini, 1947-）、溫奇（Donald Winch, 1935-2017）等人在一九八〇年代於莎塞克斯大學（University of Sussex）成立了可能是英國第一個思想史研究中心，三個人並於一九八三年合著出版了《那高貴的政治學》。此書雖然已經經過整整四十年，依舊是研究英國十九世紀初政治思想的經典，不可忽略的重要著作。[59] 巴若精確的評論道，佛布斯對學術產業與學術帝國沒有欲望，其實巴若自己以及溫奇也都是如此。[60] 他們在各自領域上的貢獻無庸置疑，但其影響力遠遠不如以劍橋為基地的政治思想史學者們，無法超出各自領域的藩籬。即便如此，英國現代思想史的複線發展仍值得關注。

二〇〇四年，劍橋出版社支持成立學報《現代思想史》（*Modern Intellectual History*）。無論是《現代思想史》或歷史更悠久的《觀念史學報》，多數論文都還是以某位思想家為分析對象，所以從嚴格意義來說，《現代思想史》應該稱之為《現代智識史》。稍微不同之處在於《觀念史學報》的研究對象比較多是哲學史裡的大人物，而且不排斥著重於文本分析的論文。而《現代思想史》的研究對象取材較為廣泛，尤其是在空間上，並不限於歐洲。相較之下，投稿人也比較有自覺地不以思想家的作品與文本分析為滿足，且及於主角的生存環境與其他思想家之間的對話關係。換言之，今日英語學界使用intellectual history一詞時，已經不單指智識分子研究，而是指廣義的知識活動的歷史。從此一特色而言，我們認為以《現代思想史》來翻譯modern intellectual history，算是符合中文學界對於思想史的一般理解。正如今日有許多大學成立思想史研究中心（Center of Intellectual History），其實踐者與研究主題、方法，都不限於智識史，而是更為廣泛，一般性的智識分子行誼、智識活動、書寫、各類文類作家的重要觀念、價值與政治、社會互動的過程與結果。總之，在西方，尤其是英語世界，所謂intellectual history已經不局限於研究個別智識分子，更研究環繞著具有歷史意義

58 John Burrow, *The Crisis of Reason: European Thought, 1848-1914* (New Haven: Yale University Press, 2000). 巴若於一九九四年從沙賽克斯大學轉任牛津大學擔任歐洲思想史教授，本書應該是他自此植物前後的研究與教學成果。本書第二章談論社會階層化、社會演化、社會達爾文主義，以及法國、英國、德國的宗教與科學，可以看出他學術重心的持續發展與擴展。

59 Stefan Collini, Donald Winch, John Burrow, *That Noble Science of Politics: A Study in Nineteenth Century Intellectual History* (Cambridge: Cambridge University Press, 1983).

60 溫奇在普林斯頓接受著名經濟學者（被稱為芝加哥學派第一代代表學者）以及經濟思想史家維納（Jacob Viner, 1892-1970）的指導，完成古典經濟學家對於殖民（地）的治理與看法的博士論文後，就在沙賽克斯大學任教直到退休。他的最佳著作或許是《富有與貧窮》(*Riches and Poverty: An Intellectual History of Political Economy in Britain 1750-1834*, Cambridge: Cambridge University Press, 1996).

的智識分子所開展出來的知識、價值、觀念、世界態度等課題。所以將之理解、翻譯為「思想史」，應無不恰之處。[61]

61 時至今日，英國至少已有莎塞克斯大學、倫敦大學、劍橋大學、牛津大學、聖安德魯斯、愛丁堡大學等六校設有思想史研究中心。其中聖安德魯斯甚至將其單位稱為「思想史研究所」（Institute of Intellectual History），展現更大的決心與企圖；巴若與溫奇過世後，他們的手稿與相關資料目前都藏於此一思想史研究所。

# 第六章　史料、時代與思想史——從史基納思想史講起

以上我們稍微交代了英語世界思想史的發展。以下我們將從英語世界的思想史實作經驗來反省思想史研究應該注意的幾個課題，包括史料與體例。既然思想史是史學的一支，其對史料的態度，當然與史學的傳統毫無殊異，就是不棄細壤，盡可能蒐羅各類材料如影音、圖像、考古遺物、碑銘、帖式、器物等等。但是文字書寫，尤其是知識分子的出版品、手稿、日記占有極為關鍵與核心的地位，則是毋庸置疑的事實。這就是一九七〇年代初，史基納針對文本主義（textualism）提出批評的原因。文本是思想史研究的核心材料與概念，但什麼是文本，如何理解文本，如何透過對文本的理解而發現歷史，則是歷史學者必須思考的課題，是歷史學者的義務。

史基納針對哲學史家的方法論爭辯大大提高了史學界研究歷史中的觀念或哲學家文本的正當性與能見度。他公開宣稱其論敵為文本主義的哲學史與觀念史研究，讓人直覺以為他的主要批評對象為洛夫裘依。事實上，洛夫裘依的研究具有相當濃郁的「歷史」，只是他的歷史是以觀念流變為中心的歷史。誠如前述，洛夫裘依的觀念史其實同意，同一種觀念在不同時代中會呈現出不同的樣態，其著重點也會有所不同，進而代表不同的歷史意義。相較之下，史基納更強調創造或使用觀念的人，是以作者為中心開展出來的智識活動史，尤其關注其智識活動與當時政治生活的關係。當然，洛夫喬依依舊保有哲學家的知識習慣，就是會評價歷史人物思考與寫作的優劣缺點。例如他認為萊布尼茲在建構人類的「充足理性」

（sufficient reason）的原則時，經常缺少一位哲學家應該有的精確與一致。[1] 一位「純正」的歷史學者會盡其可能避免這類的評論文字出現在敘述裡。史基納認為，傳統哲學史家常常刻意將歷史人物的思想解釋成有一套系統，甚至前後一致的完善系統，這是一項詮釋方法的錯誤。準此，史基納應該會不同意用後代的或貌似「客觀的」哲學標準來評價歷史人物。此外也有學者認為，其實史基納沒有特別挑明的主要論敵是史特勞斯（Leo Strauss, 1899-1973）。[2] 史特勞斯的哲學史興趣主要在於希臘古典哲學，尤其是亞里斯多德。這位逃避納粹政權而遠走英國，並在英國左派政治學者拉斯基（Harold Laski, 1893-1950）的推薦下西走美國的政治學者長於描述歷史上偉大哲學家的思考風格。[3] 他也同時非常強調現代人可以從古代人的知識與智慧得到啟示。他認為，那些相信歷史主義、「崇古主義」的歷史學者無法真正了解古代思想，因為對他們而言古人只是書寫對象，而不是學習對象。他認為要理

1 Arthur Lovejoy, *The Great Chain of Being* (1936; Cambridge, Mass., Harvard University Press, 1978), pp. 145-146. 十七世紀後半葉之後，許多歐洲作家開始倡議人類具有「充足理性」，所以可以透過對宇宙萬物的觀察與分析而了解世界秩序。

2 Rafael Major, "Cambridge School and Leo Strauss: Text and Context in American Political Science," *Political Research Quarterly*, 58: 3 (2005), pp. 477-485.

3 Leo Strauss, *Natural Right and History* (Chicago: Chicago University Press, 1965).

解古人思想，第一要能讀出古人字裡行間的深意，掌握古人不與俗見同流卻又無法直白表述的見解；第二要避免以後見之明來評價古人思想。[4] 史特勞斯並不是真正反對評價古人，只是評判標準不能是一時一地的標準，而必須是「真正的標準」（true standard）。史基納對這兩種方法都頗有微詞。他說，以為反覆誦讀經典就可以更了解作者原意，或研究應該讀出作者的言外之意，都是很危險的方法。他更直接的批評道，以「真正的標準」來批評歷史人物，例如說馬基維利「不道德且無信仰」，是非常危險的作法，「只有放棄這種研究典範，歷史的理解才有可能。」[5] 雖然史特勞斯避開了輝格主義的偏見，卻可能有真理傲慢的危險，相信有一種超越或歷久彌新的觀點或價值可以用來衡量古今人物。持平而論，史特勞斯很明顯是以哲學家的立場來閱讀古人，所以不排斥判教。史基納不反對現代人可以學習古代人的智慧，但其方法既不是想像與他們站在同一視野（水平），也不是站在後見之明的觀點上，而是「進入」作者的多文本世界，理解其企圖與想法；這顯然是更接近歷史學者對研究與歷史人物的態度。

史基納本人始終以歷史學者自稱，卻同時擔任劍橋大學政治科學的教授，多少反映了英國學術傳統中有強烈的歷史學思維，也就是習慣從過去的遺產，從長時間演變來看問題。例如研究憲政習慣從憲政史，研究宗教習慣從宗教史來理解研究對象。但史基納之所以能在上世紀七〇年代為英國思想史研究開闢一條道路，從哲學史家身邊取得學術身分，更關鍵的原因可能是因為史基納掌握多種學術語言，能夠精細地展現歷史學者如何研究政治哲學與理論。例如他從觀念論哲學史家柯靈烏那兒學到畫家或作者的一定有個意向（intention），從語言學家奧斯丁（John L. Austin, 1911-1960）以及瑟爾（John Searle, 1932-）那兒借來「語言的意向或力量」（illocutionary force）來說明他的思想史學特色——將文本作者視為行動者，理解他「在做什麼」，從人類學家紀爾茲（Clifford Geertz, 1926-2006）的理論來說明國家理論預設的危險等等。儘管史基納的方法論非常精彩，令人著迷，但是其方法論的核心觀念或許可以簡述如下：我們不能只讀作者代表性文本，而必須廣讀作者的所有文本，及其同時代作家的文本。我們不能試圖從代表性文本建構出作者的理論，而必須找出作者眾多文本中的眾多聲音，具體了解作者在特定情況下書寫時想要做什麼、想要反對什麼（理論、價值、政治語言）、想要倡議什麼。史基納稱上述分析與理解方法為「脈絡式分析」（contextual analysis），反對只針對單一或代表性著作進行精讀的「文本式分析」（textual analysis）。[6]

---

4 Michael P. Zuckert & Catherine H. Zuckert, *Leo Strauss and the Problem of Political Philosophy* (Chicago: Chicago University Press, 2014), pp. 201-202.

5 Quentin Skinner, *Visions of Politics* (3 vols; Cambridge: Cambridge University Press, 2002), vol. 1, p. 64.

6 Dominick LaCapra, "Rethinking Intellectual History and Reading Texts," in Dominick LaCapra, *Rethinking Intellectual History* (Ithaca: Cornell University Press, 1983), pp. 23-71.

誠如拉卡普拉（Dominick LaCapra, 1939-）所言，文本、作者、讀者、詮釋、社會條件等等之間的關係比起史基納此處所論要複雜許多。拉卡普拉從「作者意圖與文本」、「作者生平與文本」、「社會與文本」、「文化與文本的關係」、「某分析文本與作者其他文本」等五個層面來分析文本的意義。拉卡普拉的分析有其道理，但其實史基納的方法論並不會不承認這些關係的重要。不同學術取向會導致研究者關注不同的學術課題，從而強調文本的不同面向。例如哲學家、哲學史家、思想史學者、政治史學者、文化史學者在談論托馬仕摩爾（Thomas More, 1478-1535）的「小說」《烏托邦》（*Utopia*, 1516），肯定會有極為不同的表現方法。政治學者，例如考斯基（Karl Kautsky, 1854-1938）會特別注重摩爾對於金錢與財產權的看法，將他視為社會主義的先驅；肯恩（Timothy Andrew Kenyon）將摩爾的烏托邦與溫史坦利（Gerrard Winstanley）的「千禧年」（Millennianism）一起視為「末世」概念來做比較。對法律史學者帕克（David Papke）而言，摩爾的《烏托邦》思想的核心是「村落共產制」，並且與馬克思的《共產主義宣言》做精細的比較分析，儘管他準確的論道，摩爾無意以此著作煽動政治活動。[7] 文學史家與新文化史先行者麗莎賈汀（Lisa Jardine, 1944-2015）在一本研究伊拉斯莫斯的著作中，將摩爾與《烏托邦》放在歐洲文藝復興的中心與邊緣上來觀察。[8] 早期北美觀念史家赫斯特（J. H. Hexter）所理解的《烏托邦》是當時的歐洲社會環境（social milieu）的反照，例如與馬基維利政治、家長制、騎士精神的消退、中產階級與貴族的衝突等等。[9] 赫斯特後來在一篇反省（自衛）文章中提出，研究《烏托邦》的適當方法之一，是先釐清書中觀念間的階序。他認為相較於高貴（nobilis）與意見（opinio）等等其他觀念，出現高達四十五次以上的「公共」（publicus）觀念是理解《烏托邦》的核心。[10] 往好處說，不同學科背景的學者會有特定的關懷與視角來看待歷史人物與作品，它們的研究共同完成了多面立體的歷史解釋，卻未必能滿足拉卡普拉的多重文本分析的標準。其實拉卡普拉的修正意見與史基那的脈絡主義的真正差別只有強調社會與文化的背景

---

7 Timothy Andrew Kenyon, *Utopian Communism and Political Thought in Early Modern England* (London: Pinter Publisher, 1989); David Ray Papke, "The Communistic Inclination of Sir Thomas More," *Utopia*, 500 (2016), pp. 31-35. (https://scholarlycommons.pacific.edu/cgi/viewcontent.cgi?article=1006&context=utopia500)

8 Lisa Jardine, *Erasmus, Man of Letters: The Construction of Charisma in Print* (Princeton: Princeton University Press, 1993). 賈汀所關注的主題近年有學者繼續發揮，Hanna Yoran, *Between Utopia and Dystopia: Erasmus, Thomas More and the Republic of Letters* (Lanham: Lexington Books, 2010).

9 J. H. Hexter, *The Vision of Politics on the Eve of the Reformation: More, Machiavelli and Seyssel* (New York: Allen Lane, 1973), pp. 19-57. 赫斯特的寫作長於從不同面向觀看文本《烏托邦》與當時環境的關係，與英國思想史學者精於脈絡與文本分析的風格非常不同。

10 J. H. Hexter, "Intention, Words, Meanings: The Case of More's Utopia," *New Literary History*, 6: 3 (1975), pp. 529-541; J. H. Hexter, *More's Utopia: Biography of an Idea* (New York: Harper Torchbooks, 1952).

（或脈絡）這一點上。史基那顯然擔心過度強調社會、政治、文化的背景或脈絡，等於強調外在條件與環境對人的自主性的限制，從而會削弱作者（思考的）主體性或自由。畢竟，對史基納來說，智識史或思想史的主體在於智識分子的思想與創作，如果強調社會與文化背景的結果，是減低了該主題思想的重要性或異議，那就違逆了思想史研究的初衷。如何掌握、理解社會脈絡與思考主體之間的關係，必然是一位成熟的思想史家必須再三推敲斟酌的課題。

誠如前述，史基納的方法論都是針對哲學史家而發——至少在表面的行文策略是如此設定。的確，許多哲學史家的霍布斯（Thomas Hobbes, 1588-1679）研究都只針對《利維坦》（*Leviathan*, 1651）一書，少及於《論公民》（*De Cive*, 1642）、《論身體》（*De Corpore*, 1655）、《論人》（*De Homine*, 1658）等著作，更遑論蒐羅、分析霍布斯的書信。[11] 許多社會科學家討論佛格森（Adam Ferguson, 1723-1816）都只看重他的《文明社會史論》（*An Essay on the History of Civil Society*, 1767），而對他的歷史著作《羅馬共和進展與終結的歷史》（*The History of the Progress and Termination of the Roman Republic*, 1783）、《道德與政治學的原則》（*Principles of Moral and Political Science*, 1792）以及手稿少有注意；甚至只看重佛格森的世俗思想，而對其長老教牧師的背景與神學思想不甚措意。反之，歷史學者在研究大思想家時，易感不足之處在於對思想家所使用的特殊概念，尤其是認識論、形上學內涵的掌握容易感到左支右絀；許多歷史學者在討論思想人物時，容易流於書目介紹、排比出版消息，師友交往等資訊而對其思想或觀念少有實質內容的分析與說明。即便如此，極少歷史學者會相信，單從一、兩本經典著作就可以完整地說明歷史人物的思想。[12]

對於史料的態度是思想史家與其他同樣研究歷史中的觀念、價值、意識形態的學者如哲學史家、政治學者、社會學家、法學家等等之所以有所區隔的主因。思想史家先是一位歷史學者而後才成為思想史學者，而歷史學者的基本職業信條是：竭盡所能閱讀所有一手材料並忠於史實。[13] 實踐上，史學工作者很習慣地想要蒐羅所有與研究主題相關的史料。一聽見

---

11 Noel Malcom, *Correspondence of Thomas Hobbes* (2 vols; Oxford: Oxford University Press, 1994). Noel Malcolm and Mikko Tolonen, "The Correspondence of Thomas Hobbes: Some New Items," in *The Historical Journal*, 51: 2, (2008), pp. 481-95.

12 從出版與交往訊息來理解過往的思想史課題，是近幾十年文化史的特色。最著名，也可能是最成功的例子是 Robert Darnton, *The Business of Enlightenment: Publishing History of Encyclopédie* (MA., Harvard University Press, 1979).

13 一手資料與二手資料這個史料學概念也是從蘭克時代開始發展而來。現代學術有逐漸放棄這分別的傾向，例如現在許多學術論文的徵引文獻說明已經不再以此二分，而是全部按作者姓氏排列。究竟此一新習慣長久以往會對史學訓練發生何種影響，恐怕是制訂新規則的人所不及思考。中國古人講「道器」，認為「器」的使用或實踐會影響「道」的致達與否，或許的確是如此。

何處有其研究課題相關的一手史料、手稿，史家必然會喜出望外，恨不得立刻親眼目睹，原因當然不是他有史料癖，也未必是因為他認為所有史料都會對研究產生直接益處，而是一種知識習慣與職業本分——歷史學的訓練就像合格的法官，會希望律師、檢察官、證人將所有的證據提到庭上供其檢視、斟酌，以利重建案情發生的動機、過程、傷害與結果。[14] 一位哲學家，例如新康德主義哲學家羅爾斯（John Rawls, 1921-2002），未必會對康德的生平或對新出土的康德書信特別感興趣，因為他想要研究的課題——例如康德如何理解正義——與康德本人的生活史之間的關係微小到可以不予考慮。他甚至可以不用理會康德如何從盧梭、休姆等處建立起自己對於人性的看法，因為康德如何理解前代與同時代人的思想，固然是康德建構其政治哲學的過程與環節，但羅爾斯這類的哲學（史）家所要的只是結果，也就是康德本人著作所呈現的結論。甚至，如果不是受到學術倫理的約束，作為一名哲學家，羅爾斯甚至無須提及康德之名，只要陳述自己的政治哲學觀點即可——雖然大家都知道，一名哲學家的思考與觀點一定與前代或同代某些哲學家的思想有密切、緊要的對話關係。

不同學科必然各有其最核心的關懷與方法，因而發展出不同的信條；學科之間的核心關懷、方法、信條必然存在著本質差異——否則無需另立學科。郭沫若（一八九二—一九七八）曾經告訴他的同僚，要在「史料占有上超越陳寅恪。」如果這句話不僅僅是出於爭勝心理，那就說明郭沫若是以史學家的態度來構想他及其同僚的學術事業。一名哲學家、社會

（科）學家、人類學家都不會，也無須與人爭史料占有。[15]

雖然思想史家注重史料全面的蒐集，但他們對於史料的使用卻遵循一定的方法，例如時間的順序與接近性。王陽明（一四七二—一五二九）在一五〇六年因為得罪宦官劉瑾（一四五一—一五一〇）而被貶到貴州龍場當驛丞，一五〇八年，提出「知行合一」的心學。因此這段個人遭遇以及貴州的環境，就成為歷史工作者討論陽明思想的線索與因素。美國心理學家艾瑞克森（Eric Erikson, 1902-1994）曾經寫過一本暢銷書，《青年路德》（*Young Martin Luther: A Study in Psychoanalysis and History*, 1958），書中主旨認為，馬丁路德這位與王陽明

---

14 史家與法官之間的可比較性不是新鮮的話題。但是近幾十年，史學研究者越來越不時興，甚至不相信史家可以判斷歷史（人物）的功過是非。史家金斯堡（Carlo Ginzburg, 1939-）曾經出版《法官與史家》（*The Judge and the Historian*, 1999）一書，詳證此二者之間的關係以及同樣的倫理與操守的要求。Carlo Ginzburg, translated by Anthony Shugaar, *The Judge and the Historian: Marginal Notes on a Late-Twentieth-Century Miscarriage of Justice* (London: Verso, 2002). 當然，金斯堡寫作的動機是受到友人，政治異議份子蘇弗利（Andriano Sofri, 1942-）被控謀殺警察並於二〇〇〇定讞的刺激。金斯堡以其研究獵巫史與宗教裁判所的經驗，分析法官與史家的職業倫理。

15 耐人尋味的是，僅管郭沫若自稱是馬克思信徒，卻使用了馬克思哲學最根本反對的前提「占有」一詞（馬克思稱之為拜物教），而非收藏或蒐集。郭的措辭當然透露了時代條件或限制。儘管今日各圖書館或個人仍以珍藏乃至孤本自喜，但時代精神已經快速從占有的喜悅往公開、共享、服務的喜悅方向發展。比較看重與稀有文化財共處或連結的榮耀感或使用的方便，而不是可以支配它的權力，或使用的特權。

同時代的德國神學家之所以敢在一五一七年向當時連神聖羅馬帝國皇帝都不敢招惹的教皇公開宣戰，提出九十五條論綱（Ninety-Five Theses）批評羅馬教會的不當措施以及對神學的誤解，緣於他小時候遭遇雷擊的生命經驗。艾瑞克森的論點可能很引人入勝，但一般歷史學工作者不會將年代隔得如此久遠的生命經驗拿來解釋主人翁的思想或態度。反之，研究宗教改革的學者多半會同意與路德同時代的荷蘭學者伊拉斯莫斯（Erasmus of Rotterdam, 1466-1536）對教會制度與神學的批評，是觸發路德採取激烈手段抗議的重要原因之一。所以歐洲流傳一句俗諺說「伊拉斯莫斯下了顆蛋，卻是路德孵了它。」王陽明與路德的例子，都說明了思想史工作者在爬梳影響人物的思想發展與變化的線索時，會採取全面的思考，但也會受限於史學因果律的限制——對於心理學家所相信的發展心理學或創傷症候等學說，歷史學者毋寧採取姑且聽之的態度，但不會用以解釋歷史人物的思想變化或人格形成。

同樣的，相較於其他學科，歷史學更專注於時間與時代變化。此處的時間指是文化時間而非自然時間。從另一個角度講，文化時間就是歷史的刻度，歷史（變化）就是由一連串的文化時間所組成。文化時間可以是君主統治年號如「喬治一世」（George I, 1660-1727, 1714-1727在位），可以是歷史學者用以表現時代特徵的斷代如「文藝復興時期」（the Renaissance）或霍布斯邦所說的「革命的年代」（the Age of Revolution）。因此，所謂思想史家，就是以觀念、價值之變化為主要素材，刻鑄文化時間，書寫歷史的人。

有些社會學家、文化批評家對其研究課題或對象在不同時空中的意義，具有高度的興趣與關注。例如卡爾馬克思（Karl Marx, 1818-1883）、馬克斯韋伯（Max Weber, 1864-1920）、博蘭尼（Michael Polanyi, 1891-1976）等，都曾經對社會變遷提出宏觀的見解與解釋。緣於他們著作兼具理論興趣、宏觀視野以及歷史課題的關懷，於是被稱為「歷史社會學」（historical sociology）——此中「歷史」之謂，表示社會變遷此一主題在其學術思考中具有重要地位。與思想史較為相關的社會理論家與文化批評家可以傅柯（Michel Foucault, 1926-1984）為代表。其著《古典時期瘋狂史》（*Folie et Déraison: Histoire de la folie à l'âge classique*, 1961. 或譯《瘋狂與文明》）、《規訓與懲罰》（*Surveiller et punir: Naissance de la prison*, 1975）、《性史》（*Histoire de la sexualité I: La volonté de savoir*, 1976）、《知識考古學》（*L'archéologie du savoir*, 1969）等書曾在美國知識界與學界發生極大影響力。傅柯在多數作品中反覆提醒人們，社會（建置）中權力的存在超出人們樸素的覺察，甚至是無所不在。權力階級對於弱勢階級的宰制同樣具有超出人們平日意識所能察知的滲透力。傅柯的洞見無疑是劃時代的聲音；自此之後，知識人跌出了權力的伊甸園，喪失了純真與浪漫，凡事不忘分析權力關係，浸浸然相信人的關係就是權力的關係。[16] 與法蘭克福學派理論家如阿多諾

16 「無所不在的權力，不是因為它有神通可以在它無懈可擊的完整性中確認所有事，而是因為它產生於每一時，

（Theodor Adorno, 1903-1969）一樣，傅柯認為從西歐發展出來的「啟蒙」、「現代性」、「理性主義」基本指的都是同一件事：西歐社會開始出現社會控制個體自由、理性控制情感的時刻。傅柯認為，我們可以透過對「論述」（discourse 或譯「言說」）的分析，曝露啟蒙或現代性對人（性）的控制或統治。

傅柯發明了「知識考古學」（L'archéologie du savoir）的概念來描述他自己研究人們陳述價值、意識形態、觀念的方法。《知識考古學》出版於一九六九年，與以撒・柏林、史基納幾篇談論思想史的著作幾乎同時，說明它們之間應該不存在著明顯的對話，卻代表了廣義思想史在一九七〇年代前後的生機勃勃景象。傅柯的著作繼承法國人笛卡兒式（Cartesian）抽象思維習慣，捏塑揉作語言的能力，以及偶摭詩意文句的衝動，使得這本表面上談論思想史方法的著作相當難理解。[17] 不過對歷史學研究者而言，傅柯的著作比較吸引人的地方應該是他如何理解歷史，例如如何描述、再現「現代」與「前現代」這些歷史概念。

傅柯在《性史》中認為，西歐進入十七世紀之後，資本主義出現，布爾喬亞階級興起，人們因此一方面開始大量生產有關性的論述，另一方面壓抑有關性的表達。傅柯的意思是說，他眼中矜持的歐洲「維多利亞時代人」一方面恥於談性，卻又同時在經濟、教育、醫學、法律正義、分配、各個領域無止境的談論性。相較之下，十七世紀之前的歐洲人大方談論性（事），而十七世紀之後，歐洲人成了偽善者。[18] 傅柯說，相較於布爾喬亞階級的偽每一處；或者，產生於所有關係中的每一點。……權力無所不在，倒不是因為它包覆所有事，而是因為它來自四面八方。」Michel Foucault, Robert Hurley, trans., *The History of Sexuality: Volume I: An Introduction* (New York: Vintage Books, 1980), p. 93.

17 傅柯說他不企圖詮釋論述，不企圖尋找論述的源頭，不企圖探究論述所生產的環境。他的論述研究裡沒有文獻（documents），只有紀念碑（monuments）。文獻是被用來說明或證明某物的紀錄——換言之，文獻本身不是研究的終點，只是組成結論的部分材料。反之，紀念碑本身就足以說明自己。傅柯說，知識考古學「差不多就是重寫的意思」。所謂重寫，就是「在被保存下來的外在形式中」「對已經被書寫的東西進行有規範的形狀改變」。他結論道，論述研究或觀念史研究就只是「論述對象的系統性描述」。相對於喬依洛夫注重時代精神，史基納注重脈絡與詮釋，傅柯對於觀念史的研究旨趣的描述，竟然與蘭克對於史學研究使命的描述有著驚人的相似。事實上，我們很難確認傅柯所謂的「只是重寫」是什麼意思，至少他本人的著作，都不是我們一般意義下的重寫或「只是重寫」。再者，儘管傅柯的用法只是譬喻性的，但對歷史研究者而言，文獻與紀念碑的性質並無不同，都是被用來說明歷史問題或建構歷史圖像的材料。Michel Foucault, translated by A. M. Sheridan Smith, *The Archaeology of Knowledge* (New York: Pantheon Books, 1972), pp. 139-140. 傅柯在使用文獻、紀念碑，或「著作」（oeuvre）、「論述」（discours, 或譯「言說」）等字都是在他特殊的認識論（episteme）脈絡中的特殊用法，相對的，歷史學工作者使用這些名詞和概念時，常常是人們一般的慣用、樸素的定義。這其中的差異所造成的不同歷史建構與歷史解釋可以說差之毫釐謬之千里。

18 Michel Foucault, A. M. Sheridan Smith, trans., *The Archaeology of Knowledge* (New York: Pantheon Books, 1972), pp. 32 ff.

善，此前有關性的論述充滿「粗鄙」、「淫穢」、「不雅」。[19] 或許傅柯在談「粗鄙」、「淫穢」、「不雅」時心中想到的是「拉伯雷的世界」。十六世紀的法國作家拉伯雷（François Rabelais, 1493-1553）在其著名小說《巨人傳》（*La vie de Gargantua et de Pantagruel*）中描述主人翁「高康大」（Gargantua）及其兒子（另一位主人翁）「龐大谷兒」（Pantagruel）如何動不動就談到生殖器，如何在公開場所撇屎撒尿而不避。這本小說甫出版就被列為禁書，為當時教會所不容。易言之，傅柯所說的布爾喬亞性壓抑雖然大體無誤，但當時宗教所扮演的力量或許不下於市民社會的規範力量，卻不應該受有基本訓練的歷史學者所輕忽。歐洲對於性的態度在現代早期出現明顯變化，應該是事實。依里亞斯（Norbert Elias, 1897-1990）的名著《文明化的歷程》（*Über den Prozeß der Zivilisation. Soziogenetische und psychogenetische Untersuchungen*, 1939）認為，文明是人類羞恥感的內化與提升，使得人們對不文明之物感到羞恥、噁心、排斥。這個過程大概從法國路易十四的時代（十七世紀下半葉）開始明顯加速。[20] 傅柯接受了依里亞斯的觀察與結論，只是用不同的態度來對待文明化——文明就是規訓。[21]

值得一提的是，業餘史家阿依厄斯（Philippe Ariès,1914-1984）是另一位影響傅柯的史家。阿依厄斯最有名的著作應該就是《舊體制時代中的兒童與家庭生活》（*L'Enfant et la Vie Familiale sous l'Ancien Régime*, 1960）以及《死亡之前的人》（*L'Homme devant la mort*, 1977.

或譯為《臨終者》）。阿依厄斯也是屬於擅長描繪時代的作家，他認為歐洲在不同時期對於死亡有著截然不同的態度，例如在中世紀時期人們與死亡間有種日常的熟悉感——因為早夭、疾病各種因素使得死亡並不罕見，並且安葬在城鎮或村落中心的教會墓地更讓死亡顯的親近。到了現代早期人們開始出現對死亡的抗拒，一如人們對於自然想要控制一般。於是死亡開始陌生化了。到了十九世紀，在浪漫主義的影響下，歐洲人對死亡表現出個人化的強烈情感與哀悼。阿依厄斯擅長綜合、描繪長時間、各時代中芸芸眾生對於事物的特定態度及其反應的價值系統與信念，人們開始將他與費赫（Lucien Febvre,1878-1956）、布洛赫（Marc Bloch, 1886-1944）、杜比（Georges Duby, 1919- 1996）、勒高夫（Jacques Le Goff, 1924-2014）以及其他一些人的作品命名為「心態史」（l'histoire des mentalités），成為法國二十世紀下半葉最有代表性的歷史寫作類型。與英國思想史形成對比的是，心態史的分析對象是以

---

19 Michel Foucault, A. M. Sheridan Smith, trans., *The Archaeology of Knowledge*, p. 3.

20 Norbert Elias, trans. by Edmund Jephcott, *The Civilizing Process: Sociogenetic and Psychogenetic Investigations* (Oxford: Blackwell, 1994). 中譯版為王佩莉譯，《文明的進程：文明的社會起源和心理起源的研究》（上海：上海譯文出版社，二〇〇九）。

21 規訓或許可參考Robert van Krieken, "The organization of the soul : Elias and Foucault on discipline and the self," *European Journal of Sociology*, XXXI (1990), pp. 353-371.

平民百姓，而非菁英或重要知識分子為主，其史（材）料多半來自教會、修道院受洗、人口、納稅相關檔案以及信眾口供，甚至日記與小說；反之，英國思想史的主要素材則是知識人的出版品、日記與手稿。不過，雖然傅柯身受心態史所吸引，他卻很自覺地以「觀念史」（l'histoir des idées）描述自己的研究類型。[22]

傅柯的觀念史研究，也就是他自承的知識考古學。與洛夫裘依一樣都關心長時間的歷史變化，但相較於洛夫裘依仍以哲學家為分析焦點，傅柯的著作並不刻意區分不同的團體、個別作者的意圖。在傅柯的著作中個別思想家或作者之間的差異並非重點，他們通常被化約至一個時代，而「傅柯式時代」的組成單位是他所發現與認定的「論述」。[23]以《性史》為例，傅柯其實同時處理了兩條歐洲歷史的發展軸線，一是國家的中央集權化，另一主軸為市民社會的興起。從國家的角度而言，重商主義政治經濟學、人口學的目的在於加強國家對於人口的關注（在傅柯的用語中即為「控制」）。用淺白的話講，就是小我必須讓位給大我，因此「性」變成了被管理的對象。從市民社會的角度而言，因為城市化的擴展，十八世紀之後的公共領域或市場的組成分子已經不是早年那些相對熟悉的鄰里朋友，因此距離、客氣、矜持，漸漸成為行為的標準。休姆、阿迪森（Joseph Addison, 1672-1719）、約翰米勒（John Millar, 1735-1801）等關注市民社會發展的思想家與作家認為，他們所處的時代因為各種因素如經濟發展，品味、藝術、工藝與行為舉止的精緻化，使得人們對於性的追求不像野蠻那般激烈而直接，而是以溫和、委婉、文化中介的方式進行。[24] 休姆等人有關性與文明化的評論，可以視為對人類社會變遷的觀察，也可以看作是他們對所處時代與社會所懷抱的優越感，但不宜與國家管理或控制混為一談。在歐洲史上，從十七世紀開始，國家權力的集中與市民社會的興起並起，彼此間有相輔相成之處，也有矛盾與競爭之處。[25]

傅柯極少甄別同時代——也就是啟蒙時代——不同作家的世界態度、價值，也不習慣將

---

22 Michel Foucault, *L'archaeologie du savoir* (Paris: Gallimard, 1969), p. 184. 阿依厄斯有關歐洲兒童史已有一些中文翻譯，但他對西歐人的死亡態度研究似乎都還沒有比較完整的中譯本。

23 傅柯曾經說他所做者並非研究知識人的系譜，而是「特定的實際論述之功能（之）條件」(j'ai cherché simplement- ce qui était beaucop plus medeste- les conditions de fonctionnement de pratiques discursives spécifiques.) 對中文世界讀者而言，這不能說不是一個纏繞的概念。參考Michel Foucault, "What is an Author?" in James D. Faubion, ed., *Michel Foucault: Aesthetics, Method and Epistemology* (New York: The New Press, 1998), pp. 205-222.

24 Paul Kelleher, *Making Love: Sentiment and Sexuality in Eighteenth Century British Literature* (Bucknell University Press, 2015); Nicolas Phillipson, "Politeness and Politics in the Reigns of Anne and the Early Hanoverians," in J. G. A. Pocock et.al, eds., *The Varieties of British Political Thought, 1500-1800* (Cambridge: Cambridge University Press, 1981), pp. 226-247.

25 Isabel V. Hull, *Sexuality, State and Civil Society in Germany, 1700-1815* (Ithaca: Cornell University Press, 1996); Andrew H. Miller and James Eli Adams, eds., *Sexualities in Victorian Britain* (Bloomington: Indiana University Press 1996). 傅柯的著作對此一課題的發展有直接的關係與貢獻。

不同作家的「論述」放在不同的脈絡與議程具體分析，反而傾向將它們放在同一平面——（官方）管控——來作批評。傅柯談論現代性的出發點其實與十八世紀啟蒙作家一樣，希望藉由歷史書寫來對當代進行針砭與批判。在此一意義上，傅柯繼承了啟蒙的精神，只是反對啟蒙所欲建構的社會哲學。不過，正因為如此傅柯的「觀念史」寫作容易「厚誣古人」。其中一個例子是他對邊沁（Jeremy Bentham, 1748-1832）的「全觀式建築」（Panopticon）的「再現」。對傅柯而言，「全觀式建築」是歐洲現代「監控」與「規訓」文化的代表（之一）。邊沁從他弟弟撒母耳邊沁（Samuel Bentham, 1757-1831）學得知全觀式建築——環形建物中間塔樓為一視覺穿透的監控室，自此中心放射出去的周邊則是病房、牢房或教室，如此控制室的人可以同時觀察到各室的活動。[26] 傅柯對此一建築在管理、規訓弱勢者——病人、瘋子、工人、小學生——的功能與社會哲學意義有許多描述。「於是人為的（虛構）關係中自動產生了一種真正的臣服。人們無須〔像中世紀的守門士兵〕利用武力讓罪犯守規矩，讓瘋子安靜，讓工人工作，讓小學生學習，讓病人看診」。傅柯說，這是「權力的實驗室」。[27] 撇開矯正、矯治、規訓、馴服、控制、社會化、更生、再造等等語詞之間的語意學差異與其所反映的社會哲學立場差異，邊沁的「全觀式建築」最初是希望用來改善英國與殖民地獄政的計畫。但因為英國議會不同意撥款補助而始終未見執行。傅柯完全沒有討論英國樂利主義政治運動的背景[28]，沒將「全觀式建築」放在邊沁本人的思想樣貌與改革事業中來看，沒有將它放在整體歐洲討論獄政與殖民地改革的背景下來分析，純就建築圖樣所「可能」顯露的看與被看、控制與被控制的關係而昇華、抽象至一種社會哲學；這是一種以歷史為材料的批判性見解，類似古人如賈誼、蘇軾的史論，雖然有其創造性與破壞性，但不足以為思想史研究者的模範。與其說傅柯「重寫」了考古遺物，不如說他創造了一種特殊的批判論述模態。[29]

從思想史研究角度來看，文本作者的意圖，包括史基納所念茲在茲的「語意學意義的意圖」與政治與社會意義的意圖，都應該是研究者首先要企圖掌握的對象，雖然研究作者意圖不是思想史的終極目標。但在傅柯的研究中，即使作者未死，他將個別人的話語、意見化約

---

26 撒姆爾一度在俄國海軍服役，並曾在一八〇六年協助聖彼得堡依據全觀式建築理念蓋了一所學校。

27 Michel Foucault, translate by Alan Sheridan, *Disciple and Punish: The Birth of the Prison* (New York: Pantheon, 1977), pp. 202, 204.

28 在一九六〇年代邊沁研究尚未真正在英國開展。傅柯應該很熟悉他的同胞 Elie Halévy (1870-1937) 的經典著作 *The Growth of Philosophic Radicalism* (London: Faber and Faber, 1928). 這本書集中於討論邊沁的法律思想。

29 批評傅柯對邊沁思想的漠視與誤用的見解可參考Janet Semple, "Foucault and Bentham: A Defence of Panopticism," *Utilitas*, 4:1 (1992), pp. 105-120, 108-111.目前比較精緻的歷史研究可參考 Janet Semple, *Bentham's Prison A Study of the Panopticon Penitentiary* (Oxford: Clarendon Press, 1993). 相關史料可參考Tim Causer and Philip Schofield, eds., *Panopticon versus New South Wales and other Writings on Australia* (London: UCL Press, 2022).

成一種言說或論述模態的做法，固然成就了論述模態，但其代價卻是個別思想家的消失，甚至是歷史（內涵）的消失。

美國文學批評家與公共知識分子薩伊德（Edward Said, 1935-2003）的「東方主義」（Orientalism）是傅柯式的論述模態在殖民主義批判中的顯現。在薩伊德用法中，東方主義不是西方人對東方事物的純粹喜好態度，而是指「西方對於東方的研究與興趣」中的「權力的臨在」。薩伊德批判道，東方主義曝露了西方人的世界態度，認為東方是野蠻的、淫逸陰柔的、不理性的、傳統主義的，而且東方就是東方，西方就是西方，永遠不會改變。東方主義是西方殖民主義的孿生兄弟，為了殖民主義，東方主義被創造出來合理化、加深、鞏固殖民主義。在「東方主義–殖民主義」結構中，一切與殖民時代，甚至殖民時代之前有關東方的研究、興趣，其書寫在某種程度與意義上都是「為了」宰制被殖民社會，都可以視為東方主義。言下之意，沒有任何西方有關東方的研究、書寫、再現是純粹學術或知識性的，都隱含了權力關係。[30] 薩伊德本人固然是位可敬的知識分子，[31] 但他的東方主義，就像傅柯的知識考古一樣，雖然發現了特定的「文化層」，但他真正分析與呈現出來的歷史是他自己創造的論述模態。

史基納、傅柯、薩伊德等人的思想史實踐（差異），說明了歷史的個體解釋與集體詮釋之間存在落差與張力。如何超越個別智識分子的歷史，卻又不陷入泛權力化，化約論的論述模態或意識形態，值得所有思想史研究者深思。

30 Edward Said, *Orientalism* (New York: Pantheon Books, 1978). 根據近人研究，薩伊德的文化霸權說係受到義大利知識分子葛蘭西（Anthony Gramsci, 1891-1937）影響，應該是事實。如果說殖民官員可以挪用這些有關東方的知識，應該是更為中肯的評斷。薩伊德對「知識—權力」關係的表達，顯然是傅柯式的。薩伊德的殖民主義觀讓人聯想到金哈根（Daniel Goldhagen, 1959-）的《希特勒的自願執行者》（*Hitler's Willing Executioners*, 1996）。金哈根認為，絕大多數德國人都應該被視為是希特勒猶太大屠殺的執行者。為何美國學界偶而會出現如此絕對、驚世駭俗之論，值得探究。或許少數美國學者伏案書寫時，傾聽的比較不是自己內心真實的感受與歷史證據之間的詰難與平衡對話，而是窗外廣大的讀者與消費者？Daniel Goldhagen, *Hitler's Willing Executioners: The Germans and the Holocaust* (New York: Alfred A. Knopf, 1996).

31 單德興，《權力、政治與文化：薩伊德訪談集》（台北：麥田出版社，二〇一二）。

# 第七章　史基納思想史的優點與局限

對歷史人物的思想進行全面而中肯的說明與分析，是思想史工作最為關鍵，卻也最為困難的任務。傅柯與薩伊德等人的「準」思想史研究顯然不在此一方向上。[1]不過他們的論述模態依舊有其價值，此種論述模態與洛夫喬依的觀念史一樣，可以促進人們反省，我們如何從事超越個別知識分子的思想史研究？描述一個時代的思想特色是否可能？前面已經言及，歷史研究的終極樂趣與關懷可以分為兩大類，一為勾勒、描述、彩繪時代特色，二為解釋時代問題或歷史問題。前者著重於發現、重構、綜合，後者重於閱讀、甄別、分析。[2]一般而言，後者是前者的基礎，基礎越扎實，時代大廈的建構就越堅固。但在實務上，作為歷史學徒，我們都是從閱讀綜合性，或大師級史學家的作品去認識一個時代，然後學習閱讀一手資料與重要二手資料，嘗試在一、兩個（關鍵）議題上與重要作家的論點作對話、補充，直到我們在某一領域成為資深研究者後，再提出自己對那個時代的不同感受與綜合性看法——這接近司馬遷說的「成一家之言」。無論如何，歷史學者的主要使命就是讓現代人可以從現在回到過去，理解過去；在很大的意義上，這也是理解我們當下的一種重要法門。所謂現在與過去，一定存在某種時間上的、歷史學上的辨識標誌，換言之一定是在比較的視野中出現的。例如過去的交通工具是牛，是黃包車，現在是磁浮列車，是飛機。過去我們是三代同堂，現在都是小家庭甚至獨身。交通工具、婚姻制度、家庭組織可以是百姓日用而不自知的生活內容，但在歷史學者的寫作中，卻可能成為時代的識別物，是刻劃不同時代的社會面貌、政府管理形式、人的道德實踐面貌的特殊紋路。同樣的，思想史中也有時代辨識物或標誌，例如新的理念與價值：不同時代對於如何實踐「仁」，如何詮釋、看待「義」，如何理解「人民」極可能有或大或小的差異；差異，尤其是重要、有意義的差異構成辨識物，從而點醒了我們對現在、當下的認識或感覺，也就是歷史（感）。至於哲學家、社會學家、政治理論家、經濟學家、甚至物理學家各有他們理解當下的法門，例如哲學家擅長提供洞見，一種特定觀點，如物質主義、唯心主義、正義理論、女性主義、社群主義等等。社會學家提供

1 某些介紹思想史的文獻將傅柯與薩伊德視為思想史家。芝加哥大學歷史系在其網頁宣告，在芝加哥，思想史（intellectual history）是指研究系統思想（systems of thought）的邏輯或非邏輯，系統思想在跨文化中的相互影響，系統思想的與政治制度的合作與對抗等課題，以及「被稱之為論述『言說』的非人為的智識形塑」與「構成論述權力的對象如『自我』、『社會』、『公／私』等的論述權力」。芝加哥大學歷史系的聲明顯然有極為濃厚的傅柯遺緒。傅柯今日當然可以被稱作思想史的對象來研究了。但傅柯本人的論著，表面上有歷史的興趣，有反對現代或當代的歷史情懷，但其具體的歷史解釋常常是反歷史的。請參考https://history.uchicago.edu/content/intellectual-history。

2 這個二分法當然是種理型式的（ideal-typical）分法，目的在於強調寫作兩種目的或傾向。在實際狀況裡，多數的建構中仍有分析，而多數的分析也不乏建構。此外，思想史學者的工作經常牽涉語意學意義上的詮釋，而非物理或邏輯意義的解釋，此點差異對於思想史研究者而言至為重要。只是就歷史寫作而言，詮釋工作不妨與解釋工作一併視為分析史學而非建構史學的基礎工作。

結構式的理解，政治學家從權力的角度所建構的現實主義的世界觀，經濟學家提供機率、週期的解釋原則。不同的學科會有知識上不可共量的美，不同的優勢與弱點。既然核心的關懷不同，學術問題也就不同。歷史學者都是在時間、變化、延續這個軸線上做追問並提出解釋，例如「法國大革命為什麼會發生？」「法國大革命與以伏爾泰、孟德斯鳩、狄德侯等人為主要代表人物的法國啟蒙思想有關係嗎？」相對的，政治理論家與哲學家比較不會關心個案或歷史，而是問「何謂革命？」「革命的基礎是什麼？」「共和主義是一種情感還是意識形態？」等等普遍性的問題。

多數的哲學史只是用來作為訓練哲學家的讀本，裡頭所強調的是哲學思維，人性論或宇宙觀的正典或經典理論，或者具有超越時空意義，具有某種永恆價值的觀念；哲學史就是一部思想巨人的傳記集成或一群思維能力秀異者的思考接力。畢竟哲學訓練的目的是要人們強化自己的思考能力，建立自己的世界觀。反之，在強調脈絡，無論是政治背景、社會脈絡、文本脈絡還是語言脈絡的歷史學書寫中，每個思想人物的觀念、思想都被放在其來歷、條件與限制之中來理解。追溯觀念的源流、變化、使用、分享、對峙原本就是歷史學者的工作；其結果，從史學的書寫來看，再怎麼顯赫、有原創力的哲學家、思想家，都不是橫空出世的，都是某種論述傳統的繼承者與使用者而已。思想史研究者關心歷史人物強調什麼觀念，以及為何要強調某些觀念，遠甚於他是否創造新的觀念。與製造偉人的通俗歷史不同，脈絡史學致力於主人翁與同時代人的智識互動，發掘他們共享什麼知識遺產、問題、態度；致力於將某思想家置於其知識、社會、文化環境之中來理解其思想。

史基納的批評者，也就是哲學（史）家們最常指謫的一點是脈絡主義所必然導致歷史主義；或者用批評者的話講，就是崇古主義（antiquarianism）。意思是說，這樣的歷史研究就只是把思想放回過去，「埋葬在歷史中」，雖然還原了它本來的面貌，卻對當代起不了作用。對此，史基納借德國哲學家嘉德瑪（Hans-Georg Gadamer, 1900-2002）、美國哲學家羅逖（Richard Rorty, 1931-2007）、美國人類學家紀爾茲等大家的名字與理論，反覆強調我們不能獨斷地以為我們現今的知識與世界觀就是正確的。史基納非常雄辯地論道：

> 這些〔指印度尼西亞〕信仰所包含的異國特質組成了它們的「相關性」（relevance）。如果我們能反省另類選擇的可能，我們就得以提供自己一種方法，避免讓我們現有的道德與政治理論，退化成不經反省批判的意識形態。同時，我們也可以經由增強我們對〔另類〕可能的感知，而提供自己一些新方法，批判性的省視我們自己的信念。[3]

3 Skinner, "A Reply to my Critics," James Tully, ed., *Meaning and Context*, p. 287. 史基納這裡所提供的方法，其實就是孟德斯鳩、伏爾泰、佛格森等啟蒙時期早期「人類學學家」的做法，以他族他國為「他者」，組成反思的軸史基納的雄辯值得欣賞之處還是它所反映的巴特斐爾德的反輝格主義態度——我們不能以今日世界為是，以昨日世界為非。儘管「避免讓我們現有的道德與政治理論，退化成不經反省批判的意識形態」是相當重要的警語，一旦落入意識形態窠臼，人就成為了別人意見的俘虜，學舌的鸚鵡。但避免成為意識形態俘虜的好方法是什麼呢？哲學思辨恐怕才是更直接有效的方法吧。歷史作為一種透過過往、故事達到心思態度之反省目的的知識類型，要讓讀者明白意識形態之弊的最佳方法，可能就是研究意識形態的形成與前因後果。

但坦白說，史基納的回應並沒有觸及觀念問題的核心——觀念必須有可比較性，才有相關性。某地（例如印度尼西亞）居民對死亡的概念如果充滿薩滿主義，對於已經除魅的現代居民而言，其死亡概念與信仰內涵可能有觀看的樂趣，有加以客觀化並從事認知分析的樂趣，但少有生活的相關性可言。更進一步分析，並不是所有人類社會的文化系統，例如宗教、婚姻制度、法律體系彼此都有相關性。西歐在十七、十八世紀相信「普世史」（Universal History）；相信世界是由上帝所創造，因此必然是同源，換言之，所有生物，尤其是人類都有一種相關性。所以許多思想家都在尋找人類各種語言、宗教的相關性或關聯性，例如說中國的大禹治水與創世紀的大洪水時代應該是指同一件事，所有的人類語言都是《聖經》故事中，巴別塔建造失敗之後的發展，但應該保留著相似的語言根源，所有的古代歷史如埃及、中國的文化都代表人類上古的景況等等。在二十一世紀，這樣的歷史「相關性」應該已經不太容易得到共鳴。所有的相關性，都是透過我們對於自己當代的感知以及意義的設定為前提才能進一步確認。明清之前的中國知識群體都會以三代為一種理想，但如果有一種價值或制度是以三代為修辭，在今天相信歷史演化、歷史進步或歷史流動的現代人來說，這樣的價值與制度就幾乎沒有相關性。如果我們相信，儒家的精神與實踐必須在家族制度顯著與完備的環境中才比較容易實踐，那麼傳統儒家的訓誨就很難與現代後工業社會建立起相關性，除非它被改造成以強調個人為主體的道德哲學。如果印度尼西亞對於政治領袖（如果他們有我們可以理解的政治概念的話）的認知包含濃厚的薩滿元素，那對於政治制度以契約論為基礎，或生活實踐中以法律為最高權威的現代人而言，那樣的薩滿文化的領袖人格或個人統治，顯然缺乏可比較性。[4]這當然不是說，研究異文化沒有意義，但其意義，顯然是讓讀者可以體會人性、人的社會與人類歷史的多元——不可相互化約，不可共量的多元。但多元性對於當

心，翻轉自身習以為常的信念。這種將客體他者化的思維方式，有可能可以讓讀者（尤其是後工業社會的讀者）培養容忍異文化的雅量，但也可能掉入薩伊德所謂的「東方主義」，反而不能同情異文化主體對於自身傳統的批判要求。

4 有些文化中想像政治領袖是為天之子、天神或龍的化身等等，其與現代對於政治權威或主權的想像一樣沒有可必較性，亦即沒有相關性。

下的人應該做何種選擇之間不只沒有必然關係，也沒有明顯幫助。[5]所幸，歷史的意義本來就不完全在於提供現實助益，例如某些庸俗的厚黑學，喜歡用歷史人物成功背後的謀算來當作歷史智慧。歷史的多樣性，其實包括了我們讓過去記載所忽略的人重新出現或說話，[6]也包括歷史上失敗的人例如柳如是與陳子龍，[7]或絲毫沒有影響歷史的名人例如顏回。[8]如果歷史知識可以為我們提供相關性，有助於當下生活處境的抉擇或政策決斷，固然很好，但如它只是單純描繪一種時代特徵，人格樣態，行為風範，從而為我們的人生「閱歷」與歷史想像提供養分，同樣不愧史學之名。只是相較於其他次領域，思想史研究者更注重義理之學，更關心學問、歷史知識與現實之間的關係。換言之，歷史主義的態度（盡一切所能地以過去之價值衡量過去）與現實關懷（歷史知識必須為當代生活提供養分）之間必然經常出現緊張，而思想史研究者可能比所有其他次領域學者對此張力會更有體會。[9]

但無論如何，歷史學者在極大程度上其實都分享了反現在主義的態度，如果人類歷史是越來越接近完美的，那過去就只是一團混亂、愚蠢、落後，歷史唯一的意義就剩下現代人可以從中取樂，而無知識上的刺激可言。但是歷史研究與現實／現在之間存在著深層的緊張關係——我們越是脈絡化的理解過去，越無法從過去「提供自己一些新方法」或另類的可能，因為過去的思想是獨特的存在，是過去的語言條件、社會條件而／才得以成就的思考方式與

5 在概念上區分多元與多樣非常重要。多元表示基本的價值系統或生存模式完全不同，不可化約，只能互相欣賞、忽略或對抗，例如善惡二元。而多樣態則是同一元價值下的不同局部系統或表現；它們彼此間可以妥協或不斷的爭執。儒家思想中的王霸之爭、尊德性VS.道問學之爭，就是同一元思想中的多樣態之爭。同在一元體系中，衝突才會更頻繁，但對道家、尤其是佛學而言，這些爭議可能不具特別的重要性。人們常常將多元與多樣兩個極為不同的概念混淆，以致於在討論多元社會概念時，常常將在一元的現代民族國家與中央政府體制這孿生制度下所產生的多樣態社會，誤稱為多元社會。

6 Eric R. Wolf, *Europe and the People Without History* (CA: University of California Press, 2010).

7 筆者曾經聽前賢論道，陳寅恪寫《柳如是別傳》，等於是在替失敗者立傳。這是很有見解的評論。同樣的道理，閱讀《史記》〈項羽本紀〉的讀者應該會深深感覺，相較於成功成開創漢朝的劉邦，司馬遷顯然更同情項羽這個在現實中徹底失敗的人物，所以太史公給予項羽的失敗以壯烈淒美的色彩。

8 美國史家娜塔莉戴維斯（Nathalie Davis, 1928-2023）曾經面告筆者，她之所以研究十七世紀女性，尤其是在多重文化邊緣中穿梭的女性，是因為她們的故事可以給讀者勇氣。英國哲學家法蘭西斯哈奇森（Francis Hutcheson, 1694-1746）說，歷史的意義就是描述「（人物的）品格」（character）。上述這些關於歷史是什麼的吉光片羽，都與當今學院中的科學史學信念頗有差距，應該可以當作一種提醒。

9 清代學術史上著名的考據學與義理學之間的衝突是此一課題的中國典型。章學誠反對不顧現實的考據學，認為「整齊排比」、「參互搜討」都只是史考，而不是史學。放在思想史的脈絡中，這句話的意思是說，理解古人怎麼想、怎麼說固然重要，但我們還是必須想想，為什麼我們要去理解某個古人說了什麼。有關清代考據與義理學的緊張，可參考余英時，《論戴震與章學誠：清代中期學術思想史研究》（第四版）（台北：三民書局，二〇二一）。

思想內容，除非我們承認某些思想家的確超越了時代。

史基納可能不喜歡批評者用崇古主義這略帶貶義的詞彙來指涉他的歷史研究。但我們無須反對，歷史主義與崇古主義之間的差距相當細微，儘管前者是在描述一種知性態度，後者偏向情感態度。就好像耶魯大學中國史家史景遷（Jonathan D. Spence, 1936-2021）那樣嚮往晚明，甚至情願活在晚明，其實與他以歷史主義態度理解明代密不可分。研究歷史思想當然需要冷靜分析，但在精神態度上，雖未必如錢穆所說，要具有「溫情與敬意」，但不以人廢言，不存先見，要設身處地的體貼歷史人物的限制與意圖，是史學工作者的基本守則。反之，批判性的閱讀，也就是以自己的世界觀、標準或成見來解讀古人思想，是哲學家、社會學者、文化評論者的基本能力。歷史學者可以脈絡化黑格爾與邊沁，可以同情地理解他們，將他們完美的（如果人世間有這種可能）放在他們當時的語境與各種文本脈絡中來理解，但是馬克思批判地理解黑格爾，或約翰米爾（John S. Mill, 1806-1878）批判地理解邊沁，正是馬克思與米爾能夠推進哲學思考的重要法門。這不是說，歷史學者對於文本、人間不能有批判性的思考與評斷，[10]而毋寧是說學科之間存在著不可共量的知識美感與功能。[11]

方法論其實是一種特殊的文類——它並不是史家的本行。話說回來，任何一本傑出的歷史著作，都是作者反覆推敲研究方法的結果，而思想史家較諸其他類型史家更經常反省自己理解文獻的方式，研究的方法是否恰當，是否完備，雖然他們未必形諸文字，公諸讀者。史基納為了強調語言與文本脈絡的重要而批評社會脈絡（主義）。他指出，有些理論家錯誤地認為，「特定文本中的觀念必須依據其社會脈絡來理解」。其實，除非受到強大的學術政治或意識形態的影響，否則現在已經很少有歷史學者會將觀念與思想「化約」成社會或經濟條件的反映了。[12] 今日史家已經不會滿意於說王陽明的四民論是中產階級或資產階級的思想。但是分析陽明弟子的職業分布，顯然可以幫助說明王陽明對於商賈的態度，至於能幫助

10 緊接著問題是，歷史學者如何呈現他的批判性思考？史學內部對相關議題的討論迄今依然少見。以清楚的段落來區隔史實、史述與史論，可以是一個方法，正如司馬遷以〈太史公曰〉，班固以〈贊〉列在史述之後，發表個人見解，涇渭分明。但此一機械式作法已經很難被強調風格的現代作家所欣賞了。太史公與班固述、議並列而分界，目的固然不是為了建立史學家的專業倫理，畢竟那時沒有此種概念，但是今人若自覺或不自覺地在作品混雜自己時代的評價與歷史分析，恐怕是將史學往後倒退兩千年；名之曰文化評論家可以，卻似不宜稱為史學研究者。

11 近四十年前在阮芝生教授的「史記」課堂上第一次聽到「異量之美」這個觀念。此處只是以現今人們比較熟知的孔恩式語言——不可共量——來表示我個人對這觀念的理解。謹此申誌以示不敢掠美之意。又「異量之美」，典出劉劭（一六〇年代—二四〇年代），《人物志・接識》：「夫人初甚難知，而士無眾寡，皆自以為知人。故以己觀人，則以為可知也；觀人之察人，則以為不識也。夫何哉？是故，能識同體之善，而或失異量之美。」

12 Skinner, "Meaning and Understanding in the History of Ideas," James Tully, ed., p. 59. 一九八〇年代，余英時經常批評學界有「以論代史」的毛病；這說法與史基納對於物質主義者的疑慮是完全可以相通的。

到什麼程度，就要看證據到什麼地方，以及學者本人解析史料，詮釋史料的能力。例如眾所周知，王陽明在〈節安方公墓表〉中肯定商人的本質與貢獻與士人無異，這究竟是宣告一種新的主流意見，或者是對峙主流態度的修辭，兩者的意義可謂天差地遠。無論如何，宣告人的尊嚴與其職業無關，與宣告所有職業平等，或宣告所有職業對社會國家的貢獻一樣重大，彼此的差異都頗大。前者是指人之所以為人的哲學觀點；從孟子以來，人性平等觀就一直是中國哲學的主流，尤其是佛教思想傳入之後更是如此。但後兩者是對文化資本與社會資本的評價。墓誌的本質原本就是對墓主的社會資本的讚揚，並經常伴隨著修飾甚至誇大；所以王陽明的商人墓誌是否表示他認為士農工商的職業階序及其所代表的價值觀應該調整，值得細緻的研究。人們已經不會像史基納所擔心的那樣，「依據社會脈絡」來理解王陽明思想，但找出其思想與社會條件的共相與共振，依舊是非常有意義的努力。中國史學界有一句老生常談，「史無定法」。這句話用在談論不同的次學科，如社會史、經濟史與思想史之間主要方法的差異，絕對成立。即使談論思想史內的不同課題，也同樣值得再三咀嚼。

無論如何，經過史基納等人的努力，有志於思想史的學者較諸以往更加警醒語言與文本脈絡的重要，這應該是他對思想史研究的最重要貢獻。對文本脈絡的強調，導致了專業上一種倫理態度，亦即對於研究課題的相關文本與史料有著開放與求全的態度。史基納的《霍布斯哲學的理性與修辭》（*Reason and Rhetoric in the Philosophy of Thomas Hobbes*, 1996），幾乎用上了霍布斯所有的一手資料，包括各種著作版本，書信，手稿。[13]正如前述所提到的拉斯利，因為發現新史料而對斐默爾、洛克的研究提出新解釋，史基納以及追尋脈絡主義思想史研究的學者都篤信史料在思想史研究上的優越地位，例如理查德伯克（Richard Bourke, 1965-）發現柏克（Edmund Burke, 1729-1797）未發表的論文手稿，而重新書寫柏克的政治思想。[14]高第（Mark Goldie）在二〇二一年的卡萊爾講座（Carlyle Lectures）試圖從洛克留在東印度公司的檔案提供研究洛克政治思想的新視角。中國傳統史學有史家的「才」、「學」、「識」的提法。從思想史研究來說，一名歷史學學徒的「才」，是表現在他對史料的解讀能力上，這可能包括辨別古字（字形、音韻、訓詁）、解讀手稿，與通解抽象文獻的能力。[15]「學」，可以指對一手與二手文獻的掌握。尤其是一手文獻若能涉獵越廣，就越能啟

---

13 Quentin Skinner, *Reason and Rhetoric in the Philosophy of Thomas Hobbes* (Cambridge: Cambridge University Press, 1996).

14 Richard Bourke, *Empire and Revolution: The Political Life of Edmund Burke* (Princeton: Princeton University Press, 2016).

15 「才學識——史才三長」一說最早是由唐代學者劉知幾（六六一—七二一）所提出。在劉知幾的觀念中，「史才」指的是文采與敘述能力，而且似乎認為「才」的重要性要高於「學」與「識」。但在今日專業訓練與史學職業化的背景下，文采的要求已經極低，但求順暢而已。反之，基本的學術工具訓練不能謂不重要，所以處今日之歷史學現況，關於才學識或可以有不同的理解。

發對特定文本的歷史性（也就是脈絡性）理解。劍橋大學出版社這幾十年致力於出版歷史上的政治哲學或理論文本、思想家書信，都是基於文本脈絡的要求而進行的學術基礎建設。簡言之，文本的搜羅、掌握與理解，就是史學。史基納方法論中最少談論的課題就是史識。今日學院史家不只不敢奢言究天人之際，也少有人敢自詡有通史之識。史識常被認為與「知人論世」，「觀世變、知世運」等傳統作學觀念相關。從今日學院史學的角度說，史識的表現方式就是提出議題的能力。

史基納的方法論有個既存的，甚至可說是永恆的問題，亦即「歷史上的作者或思想人物在做什麼？」（What was he doing?）。這等於是說，史家將思想人物的「寫作」當作「歷史事件」。就像史家理解事件時不會用現象學的方法，企圖找出事件背後更深層的意義，理解寫作或思想事件也不能預設作者有未言明的理論意圖，然後企圖透過無數次的精讀，想要從字裡行間，言外之意，「詮釋出」作者的不傳之旨。歷史學家的工作是確認事件與事件之間的連結意義——如何建立、解釋某一特定寫作事件與其他許多寫作事件之間的關係，是思想史家的核心工作。事件與事件之間的關係的建立，當然依然必須遵守嚴格的史學方法，而歷史/故事，就是在多重事件的關係建立之後所呈現的敘述。因為此處所謂事件，是指有意識的寫作行動或言說者，所以事件與事件之間的關係，借用史基納偏好的術語來說，就是對話介入者的關係（interlocutory relationship）。史基納的「寫作事件化」是很有啟發的洞視與方法，但這是否就是思想史家最重要，甚至唯一合法、有效的問題意識呢？其實思想史研究者追問「為何霍布斯可以寫出那麼重要的著作如《利維坦》？」或「在什麼歷史條件下，我們認為《利維坦》有開創性的意義？」都是合理的問題，只是在尋求解釋的過程，不能只針對該書的哲學性創見，而需要以霍布斯的智識養成，以及與整個時代的對話關係來考察。史基納很可能不會提出這樣的問題，但弔詭的是，史基納必須先承認這樣問題的合理性，甚至心中已先有了一定的解釋，否則他花費巨大心力於霍布斯研究恐怕就變成荒謬的事業。史識就是有能力追問合理、可解釋的歷史問題，而史識之高低與歷史提問的宏大與否直接相關。一般思想史家不會直接自問「什麼是啟蒙運動？」[16] 不過，誠如前述，歷史有兩種寫作特色，一為建構歷史故事與彩繪時代，一為分析與解釋歷史問題。一位資深歷史學徒在歐洲十七、十八世紀歷史中浸淫數十年，心中始終懸著，「啟蒙運動是特殊時代的產物嗎？它與文藝復興、科學革命以來的歐洲智識發展有何差異？」依此致力於描繪他心中的「啟蒙時代」，正如布克哈特描繪他心中的「文藝復興時代」，其實完全無可厚非。從另一個角度想，真正偉

16 這問題之所以有名，當然是因為德國哲學家康德寫了〈何謂啟蒙？〉（*Beantwortung der Frage: Was ist Aufklärung?*, 1784）一文，回應車納（Johann Friedrich Zöllner）對這問題的叩問。康德的結論是，我們，也就是當時的德國或歐洲是在啟蒙過程中，但還不算已經啟蒙了。從一開始，這就是一個歷史哲學問題，而不是歷史問題，只是康德很有意識地將答案放在（進步的）時間之中。

大的史家之所以能構畫出精彩的時代，心中一定有重大的歷史課題想要尋求解答。例如布克哈特極可能想要追問，為什麼十九世紀的歐洲會那麼世俗化，為何物質欲望與個人主義會盛行？他的文藝復興研究是一種溯源，也是一種感慨——一個精彩而美好的時代，藝術、思想熠熠發光的義大利，卻是庸俗的十九世紀的濫觴。十九世紀一些重要文化或精神特徵從何而來？應該就是布克哈特的歷史意識吧！

現代學者依斯瑞爾（Jonathan Israel, 1946-）著有啟蒙研究三部曲；[17]就像蓋依早年的研究，這三部曲是相當綜合性的著作，描述依斯瑞爾所謂的「激進啟蒙」的出現與擴散。故事以荷蘭哲學家史賓諾莎（Baruch Spinoza, 1632-1677）的理性主義與世界主義，以及逃避路易十四宗教迫害而移居荷蘭的法國思想家貝爾（Pierre Bayle, 1647-1706）的懷疑論為主軸，講述激進啟蒙與近代歐洲注重個人權利、普遍主義等新知識傳統的關係，以及「此一」激進啟蒙如何在英格蘭、北美流衍，終至激發現代民主思潮的過程。這種觀念傳布與思潮擴散論其實是存在已久的歷史書寫；從義大利文藝復興擴散成北方文藝復興，到波卡克《馬基維利時刻》講義大利共和思想北傳以及跨越大西洋的故事都屬此類，差別在於史家掌握思想傳遞過程與傳遞前後在各自語境中的意義發生何種變化，是判別史家學養與能力的關鍵。無論如何，依斯瑞爾希望以思想史的角度回答他所自問的問題：現代西方的民主制度的思想根源何在。依斯瑞爾顯然是希望超越史基納的脈絡主義研究，描述一個長時間、跨語族的思想故事。

歷史學徒在研究生涯初期多半是跟著大學者的問題意識前進，這也是培養史學以及史識的重要方法。如果說大史家是開創新的研究領域的學者，在現實中，此等史家純屬鳳毛麟角。傑出或優秀史家就是具備宏大史識的學者，敢為歷史上的大問題，例如為什麼會發生法國大革命，為什麼明朝會滅亡等等，提出精細而嚴謹的回應。[18]《唐史》〈南詔書〉說，唐亡於黃巢而禍基於桂林，是具歷史穿透力的史識。陳寅恪在這個史識與論斷基礎上，進一步提出關隴集團的歷史作用力，同樣展示過人史識。按理說，重大的歷史事件，一定是複雜多面的歷史因素所造成，包括社會、經濟、文化、思想、政治等等面向。但由於學術分工的關係，現代學者多半只能從一種特殊的取徑與材料，也就是從次學科，如政治史，社會史，經濟史等等，對這些大議題提供自己的研究心得。一九六〇年代之前，許多社會史家認為法國

17 Jonathan Israel, *The Radical Enlightenment* (Oxford: Oxford University Press, 2001), *Contested Enlightenment* (Oxford: Oxford University Press, 2006), *Democratic Enlightenment: Philosophy, Revolution and Human Rights 1750-1790* (Oxford: Oxford University Press, 2011).

18 從此一角度言，史基納能在三十歲出頭便以《現代政治思想的基礎》對「西方現代政治思想的源頭何在？」這樣的問題提出自己的看法，的確是相當了不起的史識與成就。

大革命是階級鬥爭的結果。[19] 思想史學者傅勒（François Furet, 1927-1997）則認為盧梭強調的平等觀以及相應的普遍主權或全民主權概念，影響了革命的前進，羅伯斯比的執政，則是盧梭式政治意識形態的高峰與反轉——普遍主權最終造成個人恐怖統治的出現。[20] 貝克（Keith Baker, 1938-）認為法國大革命的意識形態至少包括對正義的追求、對理性的信心，以及對意志的嚮往。近年有史家從共和主義的角度來解釋法國大革命的思想起源。相較於著重在盧梭等激進平等主義者，此一角度更重視貴族對政治美德、政治責任的堅持，而因此與國王的對立。[21] 我們無意忽視細微題目的學術價值，畢竟九層之臺，起於累土，凡事都必須從小處著手。胡適當年說「發現一個字的古義與發現一顆行星一樣偉大」，只能在極為特殊的時代背景以及語境下來理解；時至今日，此種極端的專業平等主義已經很難獲得共鳴。前面提到的法國史家夏惕的主要研究興趣是書籍史、出版史、閱讀史等文化史領域。即便如此，他在法國大革命兩百周年前夕寫就《法國大革命的文化起源》（*The Cultural Origins of the French Revolution*, 1991），企圖以革命前五十年法國，尤其是巴黎的出版與閱讀實踐，來探討法國大革命出現的原因。只可惜本書雖有零星慧見，卻不易看出夏惕是否長期關注法國大革命的文化原因；致使本書比較像是應景而非扛鼎之作。[22]

夏惕有個相當有意思的觀察。他認為十八世紀中葉出現新的出版與閱讀方式，舊式小開本或口袋本的出現，使得讀者可以隨時、輕易地攜帶書本，卻讓讀者對於作者（author/

authority）不再有過往那般的敬重。夏慯的歷史解釋很有想像力，但此一歷史論斷是否有

19 William Doyle, *Origins of the French Revolution* ( Oxford University Press, 3rd. Edition, 1980; 1999); Florin Aftalion, *The French Revolution: An Economic Interpretation* (Cambridge: Cambridge University Press, 1990); Frank A. Kafker and James Laus, eds., *The French Revolution: conflicting interpretations* (Florida: Krieger Pub Co, 1983); Alfred Cobban, *The Social Interpretation of the French Revolution* (Cambridge: Cambridge University Press, 1965).

20 François Furet, trans. By Elborg Forster, *Interpreting the French Revolution* (Cambridge: Cambridge University Press, 1981). 早在一九三三年，Daniel Mornet (1878-1954) 就已經出版過法國大革命的思想起源的著作。Daniel Mornet, *Les origines intellectuelles de la Révolution française 1715-1787* (Paris: A. Colin, 1933). Mornet 除了強調伏爾泰、盧梭、狄德侯等人思想的重要，更透過出版與傳播，談論啟蒙觀念的影響與大革命之間的關係。後來稱為新文化史家的 Robert Darnton 以及侯許（沿用註一一四譯名）（Daniel Roche, 1935-2023）的研究特色與此類似。

21 John Shovlin, *The Political Economy of Virtue: Luxury, Patriotism, and the Origins of the French Revolution* (Ithaca: Cornell University Press, 2006); Jay M. Smith, *Nobility Reimagined: The Patriotic Nation in Eighteenth-Century France* (Ithaca: Cornell University Press, 2005).

22 Roger Chartier, translated by Lynda G. Cochrane, *The Cultural Origins of the French Revolution* (Durham, North Carolina: Duke University Press, 1991). 多斯（Francois Dosse, 1950-）在一九八七年出版《碎片史學：從年鑑到新史學》（*L'Histoire en miettes: des Annales á la nouvelle histoire*），提醒讀者法國史學有碎片化傾向。其實碎片化應該是學院化高度發展，以及史學工作者退出公共議題的結果；這現象應該是普遍的，而非只有法國史學為然。我們不確定夏慯嘗試提出對於法國大革命的原因的歷史解釋，是否與多斯的提醒有關，但如果當初夏慯可以成功地以文化史探討法國大革命的起因，多斯應該會對法國史學碎片化的現象稍感樂觀些。

效，卻不容易說。其實出版史與閱讀史研究的確可以彌補思想史的不足；（新）思想、（新）觀念究竟產生多大社會影響力，固然可以從各種文本上來分析得出，但出版史可以提供在數量、地理、特定族群的影響力佐證。口袋本就是廉價本，它的閱讀人口一定較諸以前的精裝與大開出版成倍數成長。法國史家侯許（Daniel Roche）的法國啟蒙研究，例如《文人共和國、文化人與十八世紀啟蒙人士》（*Les Rèpublicains des Lettres*）就是從出版與社會史角度談論啟蒙文化。[23]最經典的例子是美國獨立運動之前，潘恩的《常識》（*Common Sense*, 1776）在出版後三個月內就銷售了十二萬冊。截至獨立前共銷售達五十萬冊，而當時北美總人口不過約三百萬人。因此說當時北美居民人手一冊《常識》，應該不是誇張之詞，這完全是拜簡易而便宜的印刷之賜。當然，承載觀念的書本傳布極廣，不能說明觀念為何被接受，以及如何被理解，但其「影響」的力道卻可以因此蠡測得出。換言之，文化史可以為思想史補上社會面向的歷史發展。

史基納的脈絡主義鼓勵史家以作者及作者之「言說行動」為研究內涵，長於將歷史人物放置於多重文本中，層層分析出作者的意圖。但是對於觀念、價值、概念的跨國傳遞，異文化之間的思想交流，單靠脈絡主義並無法竟其功。例如十九世紀晚期，亞洲開始積極理解、討論、使用、實踐現代「科學」、「平等」等等觀念，想要研究西方的觀念如何進入亞洲，被亞洲社會所使用，就很難以脈絡式的個別人物研究為基本模態。史基納的方法論會著重於個別思想家如培根（Francis Bacon, 1561-1626）、笛卡兒（René Descartes, 1569-1650）、康德、福澤諭吉（一八三五—一九〇一）、梁啟超、熊十力（一八八五—一九六八）等人如何理解並使用科學觀念來完成自己的書寫目的與社會實踐議程。這些思想家一定有其個別的國族或在地的背景與脈絡，如何注意到後代思想家對前代思想家的著作與觀念進行接受與批判時所產生的多重的、異代的脈絡，如何務實的將這些多重脈絡帶進研究之中，是史基納及其追隨者比較少觸及的課題。同樣複雜卻可能重要的課題是，當這些觀念的接受與批評發生在異文化，甚至是不同時代的背景下時，研究者就必須將史基納的脈絡史學加以擴充或精緻化。[24]儘管如此，史基納提醒思想研究不要淪為字詞研究，還是非常有洞見的警語。他的語言行動可以啟發學者，將觀念的翻譯當作一種行動來加以理解。我們不應該爭執翻譯的對錯，或停留在表面的字詞對應與轉化，而應該理解譯者及其時代的政治、社會改革議程。

但是近代的平等、科學、民主等等這些觀念的傳入與在地化（漸次融入中文語境，成為比較穩定的觀念與用語）不單只是集中在一、兩位關鍵作家身上，而是透過各種管道而噴發的現象。近代亞洲的文本以及語言脈絡必然與歐洲脈絡有關，但也與亞洲或中國固有觀念，

23 Daniel Roche, *Les Républicains des Lettres, gens de culture et Lumières au XVIIIe siècle* (Paris: Fayard, 1988).

24 我們將在下一章談到跨境思想史時延續此一討論。

以及其他相關的新觀念有明顯的碰撞現象。這些問題對東亞思想史研究者而言幾乎是常識，卻不是史基納方法論關心的重點。換言之，跳開以個別思想家為主的研究而進入概念史的研究，是中國近代思想的一大課題。史基納史學加深了我們對於智識分子，也就是歷史上的重點的深入剖析與理解，但如何從「面」的層次，掌握亞洲國家（如中國）如何從間接、片段、分散、多元的方式與渠道吸收歐洲觀念，依舊是值得深究的課題。

# 第八章　思想史的研究對象

思想史研究的對象應該是偉大或極為重要的思想家、理論家、哲學家，還是應該包括一般知識人？許多學者表示過，如果要了解一個時代，不應該去鑽研第一流思想家，例如黑格爾或朱熹，而應該去研究二流或三流的思想家，因為他們的思想更能代表其所處的時代。這話乍聽之下很有道理，因為既然被稱為一流思想家，似乎就暗示了此人超越了他的時代，所以他的思想不屬於他的時代，或至少無法「均勻或恰當的」反映他的時代。不過我們如果細究這見解，其實不難發現其中諸多矛盾與思考的裂縫。首先，如果要了解一個時代的思想風景或價值系統，我們不應該期待能從一、兩位思想家身上獲得，而是應該在許許多多思想人物身上綜合而出，或者建立一種詮釋方式來表現時代思想氣氛、價值系統等等。其次，思想之為物，很難讓史家得出社會的思想均質，然後確認誰的思想最接近此一均質；換言之，時代思想很難被統計化、科學化的代表。若有學者執意要以代表來說明其研究主題的重要性與意義，其所謂代表，一定是詮釋學意義或比喻性的說法，而不具實證性的效力或意義。承上，對布克哈特來說，文藝復興的重要精神在各文化與生活層面都不忌諱的表達對個人主體（individuum）注重，當他論斷「佩脫拉克是第一位現代人」時，他正是將一流的作家佩脫拉克視為文藝復興時代精神的代表。其四，就像史基納的方法論所示，所謂一流思想家，例如馬基維利或霍布斯，都是時代的產物。這意思是說，一流的思想深深植根於他們各自時代與語境中的諸多文本。在此一意義下，一流思想家非但沒有超越其時代，可能還更有意義地反映了其時代。關鍵在於我們是將歷史上所謂一流思想家寫成斯金納式的歷史人物：他的思考與寫作必然是針對他的環境與相關作家之間，必然有直接的關係，必然是一種智識上的回應，因此無所謂超越時代之處——還是寫成了史特勞斯式的英雄人物，強調其思想的特色與卓越，好像是在書齋中匠心獨運的結果，也因此具有永恆價值的思想與典範。

當我們說，二流思想家更能代表或反映他的時代，這似乎暗示我們無法從其他閱讀或研究了解這些二流思想人物的時代，而只能透過他們來了解或掌握其時代面貌。這當然不是事實。某一時代的面貌，一定是許多位，甚至許多世代研究者共同描繪的結果，絕對不限於思想史或任何次領域，所藉助的主題與材料也千羅萬象。進一步言，任何人物都無法「代表」他的時代，但的確有些人的行為與作品比其他人更能夠「反映」他的時代的特色、苦難、困頓、光彩、甜美……。反映那個社會的脈動。如果我們想了解某一個國家的社會狀況，即便是一般而非菁英的社會狀況，我們也應該仰賴該國最優秀的新聞媒體，而不是二流新聞或小報的報導、選材與分析。現代歷史學者喜歡強調「發現」，好像這是原創性的保證。弔詭的是，其實所有史料（無論是書本、圖像、物件、化石）其實都已經存在於天地之間，我們所謂「發現」，其實是研究者根據自己的訓練、知識高度以及一定程度的偏好，循著一定的故事邏輯去考掘出該「證據」，然後把它放在自己建構的故事中，呈現給讀者大眾。但思想史不是只有考掘工作，思想史也會大方的讓古人自己說出自己的社會與時代。在這一層意義上，我們傾向傾聽一流思想家的故事，因為他們之所以可稱為一流，一定是能夠在著作中清楚留下現實世界的描述與理想世界的藍圖。簡言之，透過一流作家如但丁或佩脫拉克，人們才更能夠理解、感知當時的義大利或歐洲。

許多中文世界的思想史家都建議思想史的研究對象應該盡量擴大。這是因為中文「思想」一詞的延展性與伸縮性相當強，所以思想史所隱含的涵蓋面就會蔓延擴散。例如余英時在〈中國思想史上的四次突破〉中講述自己的學術歷程以及思想史研究方法時，其中有段自我剖析值得玩味，他說自己「不但研究上層的經典（如儒家和道家），而且也注重下層的民間思想，尤其關懷上、下層之間的互動。」[1] 中文世界討論思想史史學方法的文章極少，葛兆光的《思想史的寫法》既屬鳳毛麟角，更是其中的傑作。葛氏認為思想史不應當只關注和書寫菁英的思想，而是要顧及到「普遍的、一般的知識、思想與信仰世界」，從而區別於僅關注對歷史產生重大影響的哲學思想的哲學史。[2] 余、葛兩位先生所提到的「下層」、「一般的知識」、「民間思想」等詞語都值得做進一步的分析與說明。首先，余、葛的意見讓人想起上世紀七、八〇年代風起雲湧的心態史與新文化史寫作。心態史研究就是要去找出人們日常生活行為或集體信念背後的心理因素與（樸素的）知識與想法（thought），它們不只存在於下層人士的心中，而且是凱薩與騎士兵，哥倫布與其水手共享的心智態度。[3] 換言之，這種思想（thought）不是個別的、反思性的、創造性的思考與知識，而是被動接受、既與的、非個人的、社群中共享的知識與想法。[4]

勒戈夫對心態史與觀念史（或智識史）之間的關係曾經做了個耐人尋味的比喻，他說，「心態史之於觀念史，就如同物質文化史之於經濟史。」換言之，心態史與觀念史是各自獨立但相比鄰的兩個領域。心態史的出現當然與上世紀二次大戰前後，史學家眼光從上層或菁英社會轉而注意到下層或勞工群體有關。史家的眼光的確決定了研究的課題與格局。但其實，心態史之所以能起一時之風潮，關鍵還是因為特殊史料的出現。對史學發展而言，新史

1 余英時，〈中國思想史研究綜述——中國思想史上四次突破〉，收入《中國文化史通釋》（香港：牛津大學出版社，二〇一〇），頁一—二一。

2 葛兆光，《思想史的寫法》，《中國思想史》卷三（上海：復旦大學出版社，二〇〇四），頁一一。周振鶴評論葛兆光著作時表示，「由於寫法的不同，就更容易看出一些思想真相，或者說更靠近思想本來的面貌。」所謂思想的真相與本來面貌究竟所指為何，從這句話不容易清楚。不過周振鶴顯然也認為只研究大思想家是不夠的。周振鶴，〈另一種思想史——與後現代的對話〉，《讀書》，頁六六—六九。

3 Jacques Le Goff, "Mentalités: A History of Ambiguities," in Jacques Le Goff and Pierre Nora, ed, *Constructing the Past: Essays in Historical Methodology* (Cambridge: Cambridge University Press, 1985), p. 166.

4 Roger Chartier, "Intellectual History or Sociocultural History? The French Trajectories," in *Modern European Intellectual History: Reappraisals and New Perspectives*, ed. Dominick LaCapra and Steven L. Kaplan (Ithaca: Cornell University Press, 1982), p. 22

料的出現絕對具有推波助瀾的力量。勒華拉杜里（Emmanuel Le Roy Ladurie, 1929-）利用法國南部蒙大猷地區的教會檔案，尤其是宗教裁判的審訊資料，完成《蒙大猷》（*Montaillou, village occitan de 1294 à 1324*, 1975）一書，分析蒙大猷這座居住著兩百五十位左右的山城中的幾位關鍵人物，描繪信仰純潔派（Cathars）教義的居民們對於性與信仰，物質與精神生活的態度。[5]（天主教）教會檔案的蒐藏與使用造就許多成功的歷史敘述。[6]這些資料都不是當事人或受審人主動寫下的資料，也不是「無意」留下的珍貴史料，而是經過偵訊人員手筆而記留的口供。受審人本身是否有能力核對口供的正確性，甚至值得史家懷疑。由於受到知識分子的中介與文字化，現存史料一定比當事人所講述時更加符合智識人所習慣的邏輯與表達方式，換言之，一定經過某種程度的修改（如果不是扭曲）。因此如何使用，如何正確解析，是上世紀歷史檔案學的重要課題。[7]但無論如何，這些難得的史料出土讓心態史成為更為肥沃的史學園地。[8]

總之，歐洲史學有意識地將一般、民間、下層的世界觀研究，與智識史或思想史的觀念研究作了區別。義大利裔史家金斯堡（Carlo Ginzburg, 1939-）的名著，《起司與蟲》（*Il formaggio e i vermi*, 1976）值得在此一述。本書講述中古晚期一位義大利人門諾裘（Mennochio）在被宗教裁判所神職人員的審訊下，講出了他對上帝以及宇宙的看法。書名中的「起司」，起源於門諾裘認為上帝創造的世界就像一片起司。經過蟲子的咬噬，世界於

是出現了洞孔。[9] 素人不擅常抽象思維，故多以日常且具體事物來比擬抽象觀念或信仰，

5 Emmanuel Le Roy Ladurie, trans.by Barbara Bray *Montaillou: The Promised Land of Error and Cathars and Catholics in a French Village* (New York: Vintage Books, 1979).

6 戴維斯、金斯堡、小愛德華繆爾（Edward Wallace Muir, Jr., 1946-）、夏伯嘉（Ronnie P-C Hsia, 1955-）等學者都曾利用類似檔案寫出膾炙人口的著作。

7 娜塔莉戴維斯，楊逸鴻譯，《檔案中的虛構》（台北：麥田出版社，二〇〇一）。這些神職知識分子就像人類學家一樣，「再現了」不具書寫能力者的行為與想法。這些被審判者、被記錄者與主流社會之間的知識與權力落差，就像人類學家與部落之間的落差一樣，一直在想要真實呈現卻又不得不用主流或文明的邏輯加以記述的衝突與矛盾之間妥協。或許這就是為什麼這類歷史書寫多少帶有人類學風格的原因吧！上世紀最廣為中文世界所知的文化史家彼得柏克（Peter Burke, 1937-）曾經提出「文化史的傾斜研究法」，意思是說，下層或庶民文化經常缺少直接材料，因此必須借助上層或菁英文化的記述，儘管這些記述中經常混雜著菁英人士的偏見。柏克的研究方法雖是針對近代早期的庶民文化研究，但應該也可以用於使用口供的反思。

8 一般認為布洛赫（Marc Bloch, 1886-1944）是法國心態史學的先行者。他的《神聖的接觸》（*The Royal Touch: Monarchs and Miracles in France and England*, 1973）描述法、英格蘭人與王室如何實行透過觸摸國王身體而達到治療（痲瘋病）的故事。布洛赫在其名著《封建社會》（*La société féodale: la formation des liens de dépendance*, 1939）中，也討論了中世紀人們的時間感。後來勒戈夫在《中世紀的時間、工作與文化》進一步細緻化此一歷史課題，見Jacques Le Goff, trans. by Arthur Goldhammer, *Time, Work and Culture in the Middle Ages* (Chicago: Chicago University Press, 1982).

9 Carol Ginzburg, trans. by John and Anne Tedeschi, *The Cheese and the Worm: The Cosmos of a Sixteenth Century Miller* (Baltimore: John Hopkins University Press, 1980).（原書出版於一九七六年，義大利書名為 *Il formaggio e i vermi. Il cosmo di un mugnaio del '500*）。

並非難以理解之事。但是門諾裘將世界以起司來做比喻，此一特殊意見，未必就是其他素人或民間的共同想法。[10] 金斯堡此作呈現一位名不見經傳的歷史人物的奇異世界觀；受益於難得的史料，史家才能如此相對仔細地再現曾經行走在地球上的一位平凡人物的「思想」。此書被認為是上世紀新興的新文化史、微觀史學的代表著作之一。此書特殊之處在於它只記錄一位平民的世界觀，與講述同一群村里之人或職業夥伴共同的心態的歷史有所不同。表面上看，其文類像是俗民的「思想史」；與心態史以及一般下層歷史不同之處是《起司與蟲》的主人翁有個真實的名字，也就是他在歷史中占據了一個位置，而不是面目模糊的群眾。或許日後「門諾裘」一詞彙代表一種人，一種想法或一種歷史文類也亦未可知。但無論如何，俗民思想史本身就是矛盾語詞，我們認為《起司與蟲》之所以不是思想史寫作，其最根本的理由，是因為門諾裘的「思想」沒有社會意義與歷史影響力，我們甚至不知道他的觀點是否曾經被鄰居真當一回事地討論過，儘管金斯堡刻意強調他再現了門諾裘的「宇宙觀」。[11] 此外，史家很難找出合理的脈絡與獨特的社會背景來說明門諾裘的世界觀所代表的意義。[12]

心態史常常被認為是新文化史的一支。或者更正確的說，新文化史創作者經常受心態史研究的啟發。在此或許是適當的機會略談上世紀八〇年代前後在歐洲，尤其是北美史學界紅極一時的「新文化史」與思想史的關係。與錢穆同時代另一位影響台灣史學界極為深刻的史家沈剛伯（一八九六—一九七七）曾經表示，「文化的產生，必須先有思想；具體文化是抽

10 此與拉伯雷的小說《巨人傳》中，庶民經常是以肩膀以下的身體作為世界知識的隱喻，是同樣的道理。

11 學界有人將此種研究或書寫稱之為「微觀史學」。在主流學術處理重大議題，重大人物，眾多統計、史實的歷史作品中，這類書寫顯得清新而有趣。但是如果這類書寫無法呈現獨特卻又有普遍的意義，就會落入海登懷特（Hayden White, 1928-2018）的批評，認為歷史與虛構的小說無異。我們甚至可以懷疑這類歷史記載可能比不上小說，例如卡夫卡（Franz Kafka, 1883-1924）的《變形》（*Die Verwandlung*, 1951），或卡維諾（Italo Calvino, 1923-1985）的《樹上的公爵》（*Il barone rampante*, 1957）來得有趣。除了仔細描述一位素人的世界觀，本書以敘述體為主，應承了上世紀「敘述體的回歸」的史學風向；代表人物有研究法國史的娜塔莉戴維斯，研究中國史的史景遷等人。史家強調敘述的重要理由既是為了回歸史學家的古老技藝，也是為了與大眾接觸，他們希望傳遞史學的教訓和史學的意義給一般讀者，而不只在學院人士間相互品評。敘述傳統與大眾讀者的關係從十八世紀的吉朋、休姆到十九世紀的馬考萊（Thomas Babington Macaulay, 1800-1859）就已經存在，但因為受到學院化的要求，而讓歷史書寫越來越遠離一般讀者。

12 容筆者不揣淺陋以一則個人經驗講述讓史料成為思想史的困難。二〇〇二年，筆者在蘇格蘭國家圖書館珍藏室發現一批手稿，是一位名叫約翰威廉森（John Williamson）的素人對（支持）素食所做的反省與見解。手稿日期標示是一七八七年。正如許多歷史學徒一樣，筆者欣喜之情不在話下，就立刻著手抄錄。抄錄工作進行至一半，筆者開始思考如何將這份材料放在蘇格蘭社會與思想中來理解，但一直苦無著力點，因為筆者對當時蘇格蘭（啟蒙）社會對動物、生命、素食等相關知識並不熟悉，很難理解這位素人（作家）為何要寫出這般意見。在我搜尋相關研究之時，赫然發現David Allan 博士於二〇〇一年以此批材料發表了一篇文章。他的作法是將此手稿的思想與希臘素食主義者，例如畢達哥拉斯的思想做比較。讀者其實不容易接受將一位十八世紀晚期素人作家的思想完全放在希臘思想的背景中討論，儘管可以想見希臘素食主義在歐洲有一定影響力。但因為筆者始終無法理解威廉森的意圖，目前也沒有能力給予合理的社會脈絡，這份材料最終還是冰封在抽屜裡。換言之，表面上這份材料固然令人欣喜（庶民、手稿），但無論是從思想史或社會史角度，它都有待其它更多材料的加入，才能構成一個有意義的歷史故事。如果以目前所知史料來看，威廉森的「思想」就像門諾裘的乳酪宇宙觀一樣，只是一座極小的思想孤島。David Allan, "Greeks, Indians and Presbyterian Dissident Arguments of Vegetarianism in Enlightenment Scotland," *1650-1850: Ideas, Aesthetics, and Inquiries in Early Modern Era*, 6 (2001), pp. 265-297.

象思想的表現，有不同的思想，始產生不同的文化。」[13] 如果沈氏此處所謂文化是專指人類精緻而複雜的菁英文化，他的思想先行論大概可以成立；但其實很多習慣、集體行為是百姓日用而不自知的，例如餐具、家具的使用，未必呼應一套「觀念」或理論，也不需要思想作為行動與相關物質文明的基礎。尼安德塔人的遺留物如壁畫，可以視為其文化，但我們很難確認這些六萬年前的壁畫的行程是為了傳達某種理念。考古學家可以嘗試利用河南仰韶（文化）所出土的陶器的分布與家屋關係，台灣的卑南（文化）所出土玉器與其傳布說明這些早期人類社會的文化實踐，但同樣幾乎不可能確認這些文化活動背後的「思想」。[14] 早期人類應該對自然以及與之親近的人群有相當多的觀察，我們也可以猜想，觀察之後他們一定形成的某種感悟與（簡單）觀念，但是因為該社會沒有文字，也就沒有本書所認定的思想——具有反思、問難、詰抗與目的的智識活動。雖然沈剛伯使用思想一詞與錢穆一樣寬泛，但是如果我們幫他把文化一詞限定在精緻與複雜的文化上，那他「文化的產生，必須先有思想」的說法就庶幾可以成立。精緻，尤其是複雜到有一套體系的文化，一定有一套與之相配，支撐其存在意義，幫助它維持甚至繼續茁壯的觀念。例如針灸作為醫療文化中關鍵的一環，其實踐的背後，會有對應的身體觀、氣觀、生死觀，甚至宇宙論，例如陰陽生生不息的理論，以及對包括人在內的大自然的態度。[15] 只是當代學界的文化史寫作偏好中下層群眾文化實踐的特色，也就是庶民文化，它們與思想的關係就比較遠。例如美術史家當然可以研究庶民畫家作品或民間所見「書法」如商店招牌或老闆的告示，這些庶民畫家與寫字者當然有美感力，也會依據其美感能力來作畫寫字，但是這些「畫作」與「書法」背後少見有一套「美學」原理與之呼應，「創作者」們除了日常的溝通目的與自娛，很難說有傳達抽象理念的意圖。[16]

---

13 沈剛伯，〈中國古代思想探源〉，《沈剛伯先生文集》（上）（台北：中央出版社，一九八二），頁二七三。

14 沈剛伯對思想一詞的使用再次顯示了該詞在中文世界中的寬泛特質。

15 杜正勝，《從眉壽到長生：醫療文化與中國古代生命觀》（台北：三民書局，二〇〇五）。杜正勝學術一般不會被視為思想史研究，卻有極濃的思想史興味。此一情況與閱讀陳寅恪、王國維等人著作時的感受完全相同。其原因很難在此仔細說明，然撮其要，大概有二端。第一是他們的歷史研究主要在於說明古代制度中的重要概念，例如「國人」、「野人／鄙人」、「編戶齊民」、「親親尊尊」、「宗法」等等。概念其實不是只是概念，而是反映一種價值以及相對應的制度（變遷）。十八世紀公民（citizens）一詞逐漸流行，反之臣民（subjects）逐漸消退，連帶著人民（people）的內涵也開始發生變化，這些語言與概念的使用變化顯然與憲政的變遷有緊密互動關係，就是明顯的例子。第二是他們的研究都涉及文獻詮釋、解字、以及考鏡歷史源流等思想史常用的方法，陳寅恪的《隋唐制度淵源略論稿》是極佳的展示。同樣的，沈剛伯不以「思想史家」聞名，雖然他寫過〈方孝孺的政治學說〉等題旨屬於政治思想的論文，但是他所撰〈從古代禮、刑的運用探討法家的來歷〉、〈法家的淵源、演變及其影響〉等文雖然以制度史為名，其實帶有強烈的思想史成色。

16 據此而論，一般民間的寫字自然就不好以「書法」名之。白謙慎，《與古為徒和娟娟髮屋：關於書法經典問題的思考》（桂林：廣西師範大學出版社，二〇一六）。

但此處我們所要討論的核心問題不是思想與文化的關係，而是思想史與新文化史的研究與寫作之間的關係。何謂新文化史本身是個複雜的學術問題，並且遠遠超出本書的宗旨與討論範圍。[17] 此處只能就新文化史與思想史的對立與可能的互補做一些說明與討論。在許多方面，新文化史倡議者所標榜的歷史樣貌與研究興趣與知識分子史或思想史有著明顯的差距，甚至是對峙。例如新文化史強調地方與庶民社會，而知識分子的歷史或思想史相對強調中上階級，尤其是知識菁英；新文化史強調人類造物的形式（forms），例如書籍形式，印刷技術，國王形象的塑造，藝術品的擺位等等物質形式與空間制約，而思想史會強調書本或其他形式的文本、文獻內容所要傳達的觀念與價值，國王權威的哲理或法源，藝術品所代表的作者意圖或時代價值等「內在理路」；新文化史強調文化的普遍參與者、接受者、消費者、讀者、傳布的路徑等等，而思想史強調創造者、作者、及其觀點與歷史議題之間的關係。大抵而言，新文化史強調物質、形式、行為、儀式、空間、文化製作、一般群眾、日常生活在文化史中的角色，尤其是這些文化表徵的形塑過程與變化。達恩頓（Robert Darnton）的《啟蒙之事業》（*The Business of Enlightenment*, 1979）與侯許（Daniel Roche）的《文人共和國》（*Les Républicains des Lettres*, 1988）很能顯示新文化史與思想史之間研究旨趣的差異。[18] 表面上，達恩頓這本成名作是有關法國啟蒙的研究，但其實書中對啟蒙哲士的思想與觀念的分析極少，其中最精彩的建構是對傳布啟蒙哲士思想的重要管道，也就是《百科全書》形成過程的社會史建構。換言之，達恩頓的著作是啟蒙思想的傳布之研究，但不及於思想分析與歷史說明，或者用新文化史家傾向使用的語言，達恩頓是研究並呈現了啟蒙（文化）的物質性——言下之意，沒有這些物質性、編纂的討論、網絡就沒有啟蒙文化或啟蒙社會。侯許的著作同樣是有關知識傳播的社會史分析，只是他的方法更強調統計與地理空間的分布及差異。早在二戰之前，啟蒙思想的傳布就已經進到法國史學的視野之中。前面提到的莫訥的《法國大革命的思想起源》就仔細分析了伏爾泰、孟德斯鳩等人思想如何滲透到地方的過

17 關於什麼是文化史的討論已經相當豐富。有興趣讀者可以參考Victoria E. Bonnell & Lynn Hunt, eds., *Beyond the Cultural Turn: New Directions of Study of Society and Culture* (Berkeley: University of California Press, 1999); Lynn Hunt, ed., *The New Cultural History* (Berkeley: University of California Press, 1989); Robert Darnton, *The Kiss of Lamourette, Reflections in Cultural History* (New York: Norton, 1990); Peter Burke, "Cultural History, Ritual and Performance: George L. Mosses in Context," *Journal of Contemporary History*, 56: 4 (2021), pp. 864-877. 彼得伯克，《什麼是文化史》（北京：北京大學出版社，二〇〇九）。伯克在另一篇文章中認為文化史與思想史的關係非常密切。但是他舉的例子其實是舊文化史，也就是布克哈特，以及精神史的寫作。此一判斷其實是時代錯置。參見 Peter Burke, "Cultural History and Its Neighbours," *Culture and History Digital Journal* 1: 1 (2012), p.3. 筆者感謝陳建元博士提供此一文章。

18 Robert Darnton, *The Business of Enlightenment: A Publishing History of the Encyclopédie*, 1775-1800; Daniel Roche, *Les Républicains des lettres: Gens des culture et Lumière au XVIIIe siécle* (Paris: Fayard: 1988).

程。從莫訥開始到新文化史或出版史寫作，史家們不再汲汲營營於分析重要概念的傳承、接續、細緻的爭辯以及它們與歷史變化之間的關係，而比較著重在它們如何具象化、如何被操作、如何形成影響力。

從整體歷史的角度出發，新文化史與思想史一定是互補的關係。歷史不言明的終極目標是對人類過往有整體性的理解與掌握；更精確的說，歷史一定是關乎整體。新文化史對思想史研究最大的啟發，應該是提醒思想史工作，觀念與價值只能表現在某種文化物件如書本、書信、圖像、行為儀式之上。而這些文化物件的形式、物質特徵，及其社會生命（它們如何被製作、編纂、抄錄、販賣、閱讀）與觀念本身一樣，都會影響著歷史的發展。誠如前述，今日西方世界與中世紀之所以不同，當然與十六世紀甚至十四世紀以來，歐洲對於人性、神性、自然、權利、自由、秩序等等觀念的不斷陳述與修正有關。但在很多重大政治事件中，乘載觀念的形式同樣發揮了影響，因為畢竟是這些形式讓觀念傳遞到接受者的面前。對新文化史學者而言，與其說孟德斯鳩、盧梭、伏爾泰的思想造成法國大革命的爆發，不如說是這些思想家的觀念在特定的空間（例如咖啡館、文人社團、圖書館、街頭）以特定的形式（例如百科全書、口袋本、宣傳單）進入公共領域才具備了社會影響力。

但從另一方面來看，沒有觀念分析的十八世紀啟蒙時代或（新）文化史研究終究不可思議。啟蒙思想的社會史分析當然是以觀念的存在與重要性為前提而發展出來的。但如果我們因此以為我們對啟蒙觀念與價值的理解已經很透徹且無須再議，那既非事實，恐怕也不符研究的精神。[19]有了文化史，思想史才能走得更廣更遠，但沒有思想史的文化史就像是沒有父母的兒童史一樣不可想像。這自然不是宣稱思想史與文化史之間有從屬關係，而是強調它們之間有時間先後的關係。就如同「道」與「器」不可獨立存在，但道必先於器。自從人類吃了知識樹之果，自從人類發明了文字與歷史記載，人就從此踏上追尋意義的道路，而且須臾不離。即便是不立文字的禪宗，返璞歸真的老莊，都還是（或只能被看作是）追尋意義，闡述意義的一種方式。生死、飲食等最根本、最直接、最無觀念或價值關涉、最生物性的慾念或「意志」，也必然被納入了意義之網，沒有例外。生活得像行屍走肉的個人固然絕無僅有，除卻意義與價值，歷史記載中的文字，必然隨風而落，變成白紙。意義可以透過文字、儀式、行為、眼神、習俗、法規、圖像、遊戲來傳達，也可以鑲嵌在社會結構與政治制度之內，思想史學者的工作就是想辦法去理解這些「文化實踐」背後的意義。如果新文化史家不只發掘、重建、敘述（無論如何之稠密）一地一時的文化實踐，而且試圖闡述這些文化實踐

19 近年最新研究至少有 Margaret C. Jacob, *The Secular Enlightenment*（Princeton, New Jersey, Princeton University Press, 2019）以及 Ritchie Robertson, *The Enlightenment: The Pursuit of Happiness 1680-1790*（New York: Harper Colins, 2021）

的社會意義，或對參與者的意義，那麼他就是從文化史家進入到思想史工作者的領域。以啟蒙為例，新文化史中的子題如出版史、閱讀史、傳播史等所關注在於書籍的生產過程與人（接觸知識或資訊）的行為。但細究之下我們應該發現，其所生產的真正商品，其實不是書籍，而是觀念與情思。同理，人集合的目的不是為了理性的創造閱讀社會或文明社會，而是為了交流，交換想法與情感。文化史家注重書寫、印刷、編輯的形式、載體、象徵、傳遞方式、文化權力所表現的地理與空間等等，透過他們的努力，思想史學者已經更敏感於乘載觀念或內容的形式、物質與空間對思想史研究的重要，理解到「道」不可離「器」而行。但反過來說，思想與觀念不可能化約成形式；潘恩的《常識》在美國革命過程具有相當的影響力，主要還是它以更為通俗曉暢，甚至帶著激越的語氣與修辭，將英格蘭從十七世紀以來逐漸發展的自然權利觀念傳達給北美群眾。費城的印刷文化、《常識》的廉價出版與盜版，的確幫助了這一節的歷史動向與發展；作為洛克政治哲學的普及化與激進化的重要作家，洛克在北美政治史上有極為重要的地位，也是無可置疑之事，但與獨立後北美社會的政治文化、憲政體制、法律至上傾向等特色關係密切的前因，顯然是自然權利、議會代表等意識形態與價值理念。也是因為這一層原因，思想史學界對於洛克的研究，要遠比對於潘恩研究更多樣也更精細。畢竟，真正影響人類社會與制度變遷的是書本內容而非書本的形式與流通。也因此，相較於形式與物質，思想史特別看重人、觀念與文字，關心這些分析對象的歷史重量。

值得注意的是，有些被認為是文化史家的學者其實對於觀念史與思想家的著作有著長期的浸淫與興趣。上世紀最重要的新文化史家彼得柏克其實是蘇塞克斯大學的思想史研究中心的最早成員之一，他的成名作《近代早期歐洲的庶民文化》就是在該思想中心任內完成的。[20] 柏克在本書中自承他使用了所謂「間接閱讀」文本的方法來重建下層人民的文化，其意是說，因為庶民自己沒有留下文字材料，我們今日對其生活、行為、情感的認識，都只能透過文人或中上階級對他們的描述輾轉得知；對此，柏克稱之為斜線取徑（oblique approach）。柏克從中上層作家習見的文本，例如格林（Jacob Grimm, 1777-1864）、赫德（Johann Gottfried Herder, 1744-1803）、馬克佛森（James Macpherson, 1736-1796）等人的聽聞紀錄，間接吸收有關當時庶民文化的知識，是構成這本重要著作的重要成分。上世紀牛津大學「大師系列」中，義大利哲學家、神學家、語言學家維科（Giambattista Vico, 1688-1744）的生平與思想介紹，就是出自柏克之筆。[21] 另外上世紀晚期在北美扛起新文化史大纛的史家林恩杭特後來也編纂、研究啟蒙或革命觀念的書籍與課題。[22] 柏克的例子說明了

20 Peter Burke, *Popular Culture in Early Modern Europe* (London: T. Smith, 1978). 現行中文譯本的譯者為楊豫、王海良將此書書名譯為《歐洲近代早期的大眾文化》（上海：上海人民出版社，二〇〇五）。

21 Peter Burke, *Vico* (Oxford: Oxford University Press, 1985).

22 Jack R. Sencer and Lynn Hunt, *Liberty, Equality and Fraternity: Exploring the French Revolution* (University Park, PA:

在十八世紀之前，所謂思想史文本常常也是文化史的資源。杭特的例子則說明了，為了整體性的理解歷史，尤其是像法國大革命、啟蒙運動此等關乎意識形態、觀念、價值的歷史，思想史與文化史已經是不可拆離的車之兩輪。

誠如前述，intellectual history 固然可以翻譯為思想史，知識分子史，當然也可以翻譯為知識史。下層社會或粗識筆墨的人固然很難有足以載入史冊的想法與觀念創新，但他們肯定有知識養成、學習的過程。換言之，下層群眾不是思想史或知識分子史的主體，但一部知識史卻不能沒有下層群眾的身影，儘管他們不是知識的創造者而是接受者。進一步說，以下層社會為主體的研究，可以看他們如何積極參與知識分享。這當然不是說，下層群眾只能被動地接受知識。根據羅斯（Jonathan Ross）的研究，英國工人階級有固定的閱讀品味，例如偏好經典如莎士比亞、狄更斯小說，顯示他們自己「思考」選擇閱讀文本。[23] 但如果我們將閱讀的能動性（而不只是被動接受）擴大解釋成一種思想，並以羅斯所暗示的「工人階級知識分子」（working class intellectuals）來形容這些人，這就牽涉到複雜的歷史論斷問題。歐美近一、兩百年隨著識字率的快速增加以及民主化的過程，所謂知識分子從原本局限在菁英階層中，逐漸向外擴展。例如寫下《常識》與《人權》，大大鼓舞美國獨立運動的作者潘恩原是一名在倫敦南方路易斯（Lewes）小鎮的女用胸衣製作商。十九世紀初經常與邊沁討論政局，支持改革的布雷斯（Francis Place, 1771-1854）則是倫敦城內的一名裁縫師。他們的知識量與思考力無庸置疑，在歷史上的影響力比諸許多王公貴族與富賈鴻儒也不遑多讓。邊沁就曾經向朋友表示，如果仔細分析他們的言論與出版，布雷斯對英國各層面的事務都有良好知識，了解人民的困難所在，並具有「心智活力」，是現今最適合擔任內政大臣的人選。[24] 據此而論，若以「知識分子」來稱呼他們，或在一部思想史中記述他們，未必不當。

---

Penn State University Press, 2001); Lynn Hunt, *Inventing the Human Right: A History* (New York: W. W. Norton & Company, 2007); Lynn Hunt, ed., *The French Revolution and Human Rights: A Brief Documentary History, edited, translated and with an introduction by Lynn Hunt* (Boston:/New York: Bedford/St. Martin's, 1996). 上世紀北美最重要的文化史家之一，娜塔莉戴維斯曾面告筆者，她的第一篇（在美國發表的）學術文章其實是發在洛夫喬依創辦的《觀念史學報》（*Journal of the History of Ideas*）。戴維斯教授何以特別向作者指出此一往事，頗值得回味。見 Nathalie Zemon Davis, "Sixteenth-Century French Arithmetics on the Business Life," *Journal of the History of Ideas*, 21: 1 (1960), pp. 18-48. 從柏克與艾維斯的例子，我們似乎看到許多第一代新文化史家原本的學術背景與廣義思想史有著密切關係。然抑否耶？比戴維斯晚一輩的重要文化史家葛拉夫頓（Anthony Grafton）則曾經擔任《觀念史學報》主編多年。此一個別現象可能不易複製，但多少還是可以說明英語世界裡的思想史與文化史的各自發展歷程中，有幾段交叉重疊，乃至相互影響的辯證過程。

23 Jonathan Ross, *The Intellectual Life of the British Working Classes* (New Haven: Yale University Press, 2001). 這很自然會讓人聯想到李孝悌的下層啟蒙研究。李孝悌，《清末的下層社會啟蒙》（台北：中央研究院近代史研究所，一九九八）。

24 Graham Wallas, *The Life of Francis Place 1771-1854* (London: George Allen & Unwin Ltd., 1918), p. 80.

但是如果仔細分析他們的言論與出版，就可以發現他們多數時間在強調某些前人或時人哲理的特定面向，或者通俗化某些哲理。所以更恰當的作法，是將他們視為某學派或政治理念的追隨者與實踐者。[25]

歷史是平等的，只是有些思想家，有些文本比其他人或其他文本更平等。從思想史角度著眼，洛克是個行星，潘恩，甚至傑佛遜、亞當斯都是他的衛星，洛克是核心，向外擴延可以涵蓋許多領地，直到他的影響力的邊陲。從出版史角度看，潘恩的著作就是現象級的行星或中心，它連結了其它現象為其衛星與屬地。而從整體歷史角度而言，思想創造、書寫與出版、傳播、耳語同時在一個時空中創造歷史。

希望擴大思想史研究的範圍、資料，是研究者的普遍心聲。培侯（Jean-Claude Perrot, 1928-2021）以研究坎城（Caen）地區的人口與社會史成為專業史家。他認為思想史應該擴大至涵蓋政治經濟學作品；同時，社會史家應該學習抽象語言，例如研究十七世紀社會史，以了解當時人的「城市」概念究竟為何。[26] 其實培侯希望史家做的事就是韋伯的學術，只是韋伯是以後世理論家的綜合分析能力，將歐洲人對城市的各種管理法令、態度加以概念化，而非僅僅是簡單再現當時人的城市概念。所以韋伯的城市研究可以成為跨時空的比較課題。培侯的呼籲在英語世界學界其實已經實踐有年。前面提到的洪特、溫曲就是著名的例子。[27] 此外，近十年以英國與法國政治經濟學為核心的廣義思想史研究有很明顯的上升趨勢，這些重要發展顯示了英語世界思想史研究的強韌。[28]

重要性是決定是否應該進入史冊或是否值得被研究的首要準則。不同時代的史家的確可以，事實上也會重新思考、定義「歷史的重要性」。以往史書只記載王公將相，現在史家們同時看重下層民眾、婦女、少數族裔、邊緣人物，代表了歷史研究者認為應該重新思考歷史的動力之所在，或歷史重要性如何被呈現，因此企圖改變史學的價值原則、甄選原則。義大

---

25 Claire Rydell Arcenas, *America's Philosopher: John Locke in American Intellectual Life* (Chicago: Chicago University Press, 2022).

26 Jean-Claude Perrot, *Une histoire intellectualle de l'èconomie politique Xviie Xviiie* (Paris: EHESS, 1995); Antoine Lilti, trans. By Will Slauter, "Does Intellectual History Exit in France?: The Chronicle of a Renaissance Foretold," in Darrin M. McMahon and Samuel Mpyn, eds., *Rethinking Modern European Intellectual History* (Oxford University Press, 2014), pp. 57-73, 60-61.

27 István Hont, *The Jealousy of the Trade: International Competition and the Nation-State in Historical Perspective* (MA.: Harvard University Press, 2010). Donald Winch, *Rich and Poverty: An Intellectual History of Political Economy in Britain, 1750–1834* (Cambridge, Cambridge University Press, 1996).

28 參考 Steven L. Kaplan and Sophus A. Reinert, eds., *The Economic Turn: Recasting Political Economy in Enlightenment Europe* (Anthem Press: 2019); Sophus Reinert, ed., *Political Economy of Empire in Early Modern World* (New York: Palgrave, 2013).

利哲學家克羅齊（Benedetto Croce, 1866-1952）說「所有的歷史都是當代史」，意思是說，歷史一定是史家所撿擇、篩選、組織、論述之後的結果；史家作為一個群體，其動向、價值、習慣、信念、倫理、能力、見識決定了歷史（的呈現）。學院史家在選擇題目與從事研究時，難免有盲點與困惑。其中一項就表現在面對新史料時容易顯得脆弱，容易受其限制，更容易受其蠱惑。試想今天如果在某個地方出現三百年前一位三家村學究的大量讀書筆記、日記，一定會有許多學院史家趨之若鶩，願意花許多精力去解讀、研究、發表，而不先考慮此公的重要性與意義。英國的俄國史專家卡爾有句廣為傳誦的話說道，「歷史是現在與過去不斷的對話。」卡爾的本意是說，不同時代會對過去產生不同的解釋與態度。卡爾的話與克羅齊「所有的歷史當是當代史」並無不同，只是說得更簡潔且雋永。但事實上歷史學者最親近的問題不是史觀（的轉變），畢竟一名史家終其一生大概只有一次是有意識的改變或選擇自己史觀。歷史學者最親密的事物依舊是史料。歷史學徒除了要能上窮碧落下黃泉地找新史料，也要能與史料不斷對話；除了要從舊史料中找出新課題，新意義，更要能從宏觀角度捨棄充滿誘惑卻不具高度歷史意義的史料。

從另一個角度講，思想史與心態史各自反映了不同的文化層面，代表了完全不同的歷史意義與重要性，它們之間應該是互補，而非取代的關係。或許，所有的人都應該被記住，都應該在歷史上留下姓名，但他／她們適合在不同的地方、以各種不同的形式、文類被表達，被紀念。只是史學專業化讓史家無法縱橫於各場域，也才因此各自選擇了相對適性的次領域，耕耘一生，而對其他同業園中的花繁錦簇只能欣賞。

歸根結柢，選擇那位或那些思想人物為歷史的研究對象，關鍵在於我們要回答什麼樣的歷史問題。相較於哲學史家，歷史學者會將歷史人物思想的精深與偉大置於議題之後。純粹是因為某人的思想博大精深而加以記錄，本無不可；只是如此的述而不作，就只是整理思想文獻、用史家自身時代的話語重述（現）古人思想，卻無關乎歷史議題的叩問。早期許多思想史著作都是以各時代的代表人物的重要文本解釋的整合。[29] 如果我們要研究北美獨立運動或法國大革命思想的起源或意識形態基礎，我們當然要研究許多所謂「二流」或「三流」的作家與思想家的作品。[30] 如果我們研究當時代或後代對休姆懷疑論或無神論的接受與批判，那我們不只要研讀二、三流思想家的作品，還需要閱讀當時平凡作家們在報章雜誌上發

---

29 這一類的教科書與綜論性、分析性教科書一樣，都有其一般教育與專業教育的功能；而且不同的思想通史教科書依然有優劣之分，例如蕭公權的《中國政治思想史》雖然也是以人物為綱，但作者能很有見識地分門別派，提綱挈領，呼應政治史發展，迄今依舊是值得參考的著作。葛兆光，《中國思想史・導論》，頁四六—四七。

30 Bernard Bailyn, *The Ideological Origins of the American Revolution* (Cambridge, Mass.: Belknap Press of Harvard University, 1967); David Armitage, *The Ideological Origins of the British Empire* (Cambridge: Cambridge University Press, 2000).

表的意見。如果我們要研究休姆或康德的思想傳記，我們就不會有太多機會處理二、三流思想家，原因是康德與休姆較少與他們做重要對話。在某些情況下我們會幫所謂二流或三流的思想家做相當仔細的研究，甚至做思想傳記，因為我們認為他／她在歷史上的意義或作用被忽略了；這是重新詮釋歷史的必然結果，並非要譁眾取寵或為研究而研究、為書寫而書寫。

總之，長期以來，中文學界談論或使用「思想史」一詞，其實指涉了歐美史學發展過程中的「哲學史」、「觀念史」、「知識分子歷史」、「概念史」，而近年的倡議則浸浸然包含歐美的「文化史」與「心態史」等文類。誠如本書開頭所言，一國的學術發展有其學術史因緣、機運、理路與限制，而其特色，正是這些內外因素互動的結果。不過，正如本書所要交代，不同的史學文類標示了學術發展的軌跡，顯示各次文類所要強調的研究性質之差異，以及所要關注對象（之不同），其所映照出來的歷史圖像也必然風景殊異。

# 第九章　寫作中的思想史

學院中談論思想史，經常只是出於方便的統稱；歷史學者真正的研究標的通常偏向更次類的思想史如政治思想（史）（history of political thought, l'histoir de la pensée politique）、經濟思想（史）（history of economic thought, l'histoir de la pensée économique）等。此一現象當然還是受到專業化的影響所致。但這結果卻有助於我們透過政治史／政治思想史，經濟史／經濟思想史之間的差異，了解思想史的邊界與特質。

一般「政治史」與「經濟史」所描述的內容多半是外在事件的連鎖發展。「事件」（events）被認為是組成歷史的基本且核心元素，也因此是傳統歷史研究的重要對象。最常見的歷史研究，就是連結許多大小不一的事件，去解釋一個歷史重大事件的原委、來龍去脈與因果關係。研究者發現事件，通常是通過人的「外在行為」，例如國王或皇帝登基、統治，政治權威擁有者與其他權威如宗教領導人之間的互動、合作、衝突，黨派的結盟、紛爭、權鬥，法案的提議、折衝與制定，革命行動的爆發、發展的過程，終至新政權的建立等。「政治史」的主要工作，就是將這些事件之間的關係做梳理、歸納、排比出延續發展或變化、提出因果解釋、說明影響等等。「經濟史」則側重於描述地形、物產種類、生產方式、組織、生產力、交通、貿易量或政策影響等；描述的內容也泰半集中於集體的經濟行為，如交易、貿易、制定經濟法規、新產品與生產工具的發明等等。至於「政治思想史」則著重於說明人們「思考」理想的政治社會，分析政治秩序的應然與實然，例如國王或皇帝的權力來源為何？王權能不能，應不應該受到限制？政教關係的基本原則為何，人民是誰？人民是否有自然或天生的政治權利？而「經濟思想史」則是研究不同時期不同社會中的人如何思考經濟行為與經濟制度的重要性與意義，辯論何種生產方式最適合人類生活，經濟活動與人性之間的關係，或經濟活動如何幫助社會秩序與政治秩序的建立。換言之，相較於政治史與經濟史著重於說明由人類外在行為所造成的重要歷史事件之間的關係，「政治思想史」與「經濟思想史」著重於人類內在價值與歷史事件的關係。

綜合上述，相對於「政治史」與「經濟史」著重於「描述」、「交代」、「解釋」人類在政治領域與經濟領域的「外在行為」或成就（與失敗），「政治思想史」與「經濟思想史」旨在「揭示」這些行為背後的理據、動機、價值原則，也就是「內在目的」。此處用「揭示」一詞來表述思想史的工作其實是有意為之。人的外在行為容易被確認，無論是直接的證據或透過他人的記載、轉述，都有跡可循——儘管歷史學者必須做點考證，推敲，查驗等偵探式的工作。但是人，尤其是政治人物或思想家在思考內在價值與目的時，不一定留下明顯跡象。有時候是因為政治人物刻意掩藏，有時是因為思想家在漫長的思考過程中不免有所修正、轉向，甚至前後矛盾不清之處。尤其是歷史研究經常牽涉人群集體活動，這群人的「價值與思維」絕無可能是單一的，也很難簡化成清晰的原則，這就使得要進行人群集體行為的思想分析變得異常棘手與困難。但這並不是說，思想史研究的對象，也就是思想活動本身無跡可循，只是思想活動（行為）不像一般政治或經濟行為那樣證據確鑿，一目了然，所以要建立思考與書寫，甚至文本與文本之間的關係，很難像政治史與經濟史那樣顯而易見，容易令人信服。[1] 很多人，甚至包括歷史學者都會認為思想史「虛無縹緲」、「天馬行空」，部分原因在於思想史的歷史說明與解釋不完全建立在事件與事件之間的時序關係，或思想與政治事件所表現的「歷史動力」的關係上。舉例來說，政治史家將巴黎市民攻擊拘禁政治犯或思想犯的巴士底監獄（La Bastille Saint-Antoine），視為造成法國大革命的近因，或揭開一七八九年法國大革命序曲的事件。在巴黎人民挑戰象徵國王專制權威的監獄之後，拉開一連串的其他政治事件，諸如人民對於王室，尤其是法王路易十六的王后的私生活開始進行攻訐。同時許多傳聞或謠言開始流竄，說王室的軍隊將對百姓不利。即使此一敘述未必人人信服，或者過度簡單，但多數讀者肯定會覺得理通情在。但要說盧梭對人類不平等起源的描述，百科全書派人士的物質主義，或伏爾泰對教會的攻擊「造成了」法國大革命，就很不容易一目了然，即便思想史家努力解釋，爭執的空間依然會存在。[2]

同樣的，從政治史與經濟史的角度解釋英國的北美十三州殖民地的獨立運動（1774-1784）的過程，容易顯得深切著明。[3] 第一，長期以來有些北美居民不滿母國英國的壟斷經濟政策——不准北美與荷蘭、法國、西班牙等國直接貿易，所有運銷歐洲的貨物必須經過英國轉運。第二，為了保護北美殖民地的利益，英國與法國爆發七年戰爭（一七五六－一七六三）。之後，英國為了彌補財政缺口，認為殖民地的軍事與行政支出必須由當地居民負擔，因此開徵許多貨物稅如糖稅、茶稅等以補足。英國政府同時限定北美只能購買由英國東印度公司輸入的茶葉，並且大力追緝走私，使得當地茶葉價格高漲。第三，北美人民認為，根據英國憲政，被徵稅者應有議會代表在國會參與表決，但是倫敦政府認為北美只是殖民地，既非選區也非自由城邦，無權選出議員，所以拒絕了北美民眾的要求。第四，法國為了報復英法戰爭的失敗，以及平衡英國在北美的勢力，積極介入支援分離運動者，最終爆發全面的軍事衝突，最終導致北美獨立。

相較之下，如果從思想史的角度看北美的獨立運動，表面上結論就不會像上述政治史與經濟史解釋那般確切而明白。例如有相當多史家相信，洛克的財產自由與社會契約論是北美獨立運動的思想根源。洛克在其著作，尤其是《政府論二講》中認為，政府的責任就是保護人民的財產與人身安全，也就是人的天生權利。政府只是人民創建出來保護這些權利的代議機構。英國倫敦政府在對北美徵稅以及強制貿易壟斷這些作為，有失上述政治原則，因此需

1　這就牽涉到研究思想史所需要的材料為何的問題。我們將在後面的章節討論思想史的史料問題。

2　可參考 Jack R. Censer, “Intellectual History and the Cause of the French Revolution,” *Journal of Social History*, 52: 3 (2019), pp. 545-554.

3　Robert Middlekauff, *The Glorious Cause: The American Revolution, 1763-1789* (Oxford: Oxford University Press, 1982).

要導正，或者應該拒絕其統治。近來也有史家從歐陸的激進政治哲學傳統如史賓諾沙的哲學，討論此一蘊含民主的激進傳統如何影響了北美的民主。[4]此外，誠如大家耳熟能詳的，一七六〇年代，尤其是革命前夕的北美社會中最為活躍的思想家可能是強調人有天生的政治權力的潘恩（Thomas Paine, 1737-1809）。換言之，洛克的社會契約論，史賓諾沙的民主思想與潘恩強調的天賦人權都可能是美洲獨立運動的思想源頭。但究竟何者才是最為關鍵的原因，還是三者同等重要？可能就會聚訟紛紜，難有斷論。要在這些思想與北美抗議運動之間建立起確定不移的關係，洵非易事。用歷史學的術語來說，政治史與經濟史的寫作，比較能夠建立明確因果關係的說明與「解釋」（explanation），而思想史寫作則倚賴歷史與對文獻的「詮釋」（interpretation）。法案的公布與公布之後人們的抗議，很容易建立起明確的因果關係，因為這些是外在或外部的行為，可被「觀察」得知。但思想卻是內在的行為，要捉摸到思想本身，本就不易，而要掌握到關鍵、真正有影響力的思想，並將它與事件之間建立起可資說明的關係，自然難上加難。困難是必然的，而史家之所以仍願意投入其間，原因就在於人是有思想的動物，人的行為背後多少有一定的理據的支撐，有觀念的引導，而行為的目的，則一定牽涉到價值原則。不釐清這些價值原則，歷史的理解很難算是完成。

法國二十世紀的大史家布勞岱（Fernand Braudel, 1902-1985）的名著《地中海與菲力普二世時代的地中海世界》（*La Méditerranée et le Monde Méditerranéen à l'Epoque de Philippe II,*

1949）向世人展示了經過長時間（longue durée）才會有所變化的地理環境這一層物質世界可以成為理解人類生活與歷史的重大因素、結構或背景。根據這樣的構想，歷史至少包括了事件（événement）的短時間，經濟循環的中段時間循環（conjuncture）與地理環境所代表的長時間。[5]很遺憾地，布勞岱並未賦予觀念與思想以歷史地位。在我們看來，除了政治、經濟與地理，歷史還有另一種時間，就是價值形態的變化——包括對於什麼是理想的政治制度、什麼叫幸福、個人與個人國家與國家的關係的道德基礎為何、人與自然或其他生物的關係應該如界定等等。無論今天人類擁有的科技能量是福是禍，現代科技一定是部分基於培根的方法論與《新亞特蘭大》（*New Atlantis*, 1626）中的烏托邦思想——工藝與科學的發展可以創造乾淨、幸福、有秩序的社會。從超越政治時間，甚至經濟時間的角度來看，今天法國的政治價值在經過幾次復辟與共和之後，竟然與伏爾泰、盧梭所規範的價值越來越合轍，越來越接近。如果說法國大革命是法國近代世俗與政治價值建立過程中的一次大塑型，那麼伏爾泰、盧梭等人對法國大革命的影響就無可置疑了。法國的例子很可以用來思考思想史的合

4 Jonathan Israel, *Democratic Enlightenment: Philosophy, Revolution and Human Rights 1750-1790*; *Expanding Blaze: How American Revolution Ignited the World, 1774-1848* (Oxford: Oxford University Press, 2017).

5 Fernand Braudel, "La longue durée," *Annales: Économies, Sociétés, Civilisations*, 13: 4 (1958), pp. 725-753.

理研究時段，它顯然要遠遠長於以政治事件的時間，也與經濟循環時間彼此獨立——儘管長時間來看，經濟結構與價值體系的關係相當密切。這些世界觀的世俗化，人民主權觀念的普遍化、制度化等等，有其歷史發展，但它們不能歸屬於事件，也無法以經濟學的週期概念，或環境地理的長時間概念來衡量、比較、揣度。

美國獨立運動的歷史建構或許可以更清楚說明思想史的意義。北美殖民群眾抗稅，表面上是因為經濟理由，但深一層來看，群眾抗議造亂的理據是行政法令頒布的合法性或合憲性，而不是稅金本身。抗議法令之頒布等於涉及了對政治原則的質疑，甚至涉及具有普遍意義，例如正義或人權等價值的考量。從不想繳稅到以抗稅為理由反對政府，甚至拿起槍桿對抗政府，期間經過醞釀、發酵、反咀、沉澱。原先抗拒繳稅這表面上的金錢利益問題隨著時間發展，就逐漸被深化、理性化，甚至被價值化、原則化、正當化了。所有政府都有稅賦，絕大多數人民都會對於繳稅有著或深或淺的抗拒，但極少社會的人民會以抗稅為主要訴求與政府進行軍事對抗。[6] 換種方式講，表面的稅賦利益衝突其實有著更深層的價值衝突。根據思想史的研究，在北美獨立運動中，北美社會與倫敦政權的深層衝突環繞在「財產／人身自由」這個價值與觀念之上。而財產與人身自由這個觀念，是近代從歐陸、英格蘭緩慢形成終而被保守的價值。因為這一層思想史的原因，我們才能理解為什麼當時許多英國本土的知識界人士會支持或同情北美獨立運動，因為他們分享上述相同的價值理念，而非因為他們接受武裝抗爭本身。

十七世紀的英格蘭逐漸從自然法發展出一種政府理論，就是政府存在的目的在於保障（個別）人民的生命與財產安全，這就是有名的契約理論（contractual theory）。當年漢高祖劉邦（前二五六／二四七－一九五）入關中與百姓約法三章，說「殺人者死，傷人及盜者

6 中國傳統歷史上以輕稅為主，但是變相的稅責如繇役，「庸」、「調」之類則不輕，在歉收或戰亂之時，民眾生活壓力陡增。每個朝代晚期的民變，多是受到天災、土地兼併等各種因素造成的農民生活困苦而引發流民，或所謂官逼民反而產生。在政治意識形態上則經常出現均田均地的概念——一種「三代理想」加上樸素的正義概念形成的政治觀念。三代之治與期許聖王之治其實是一體的兩面，所以民變之後的朝代更迭，開國君主多有令人氣象一新之勢。反之，十七至十八世紀歐洲近代革命的意識形態是以個人權利為主的法治。以個人為權利單位的政治想像，必須有超越個人的政治團體來保障。以法律來削減國王特權，限制國王權力。錢穆認為中國政治之所以不能稱之為專制，那是因為中國其實是皇帝與士大夫集團共治。（錢穆的意見散見其著作如《國史大綱》、《中國歷代政治得失》等書）雖然中國帝制史上有許多官員抗顏諫勸的佳話，但那只是在道德層面的作為，希望以道德原則，也就是「道統」來要求皇帝。雖然西方基於「國王不會犯錯」的信條而不允許百姓上法院對國王提出訴訟，但卻可以提告國王的法律總顧問，也可以向國王求償——也正是因為這原因，休姆在其名著《英格蘭史》（*The History of England*, 1754-1761）中表示，英格蘭內戰期間，清教徒所控制的議會審判查理一世是違憲的行為。話說回來，正因為清教徒的越軌作為而讓議會的憲政地位從中世紀的國王幕僚位階成為具有可與國王行政與統治權威相抗衡的立法部門。無論如何，在傳統中國，雖說天子犯法與庶民同罪，但庶民向皇帝或其代理人提出訴訟是無法想像的。

罪」所依據者也是人最根本的生存與自保原則所確認出來的「自然法」，兩者意思完全相同——只是對於誰有權力去捍衛保障這個自然法原則，不同社會有不同的想法與設計。在十七世紀末的英格蘭，確認「財產自由」是否被保障了的權力中心是議會，或以仕紳為主體的「人民」，而不是國王。洛克在他的名著《政府論二講》中就批評於一六八〇年即位的詹姆士二世對於「人民」財產與自由的侵奪。[7]洛克的意見在北美知識圈中普遍被認可，這就是北美殖民地居民之所以對英國議會的徵稅法案感到不滿的深層原因——為什麼北美「人民」不能參與決定、確認「北美人的財產自由」是否被保障？從倫敦政府的角度而言，殖民地居民是否具有「人民」的身分，不無可疑。畢竟即便在英格蘭與蘇格蘭，並非所有成年男子都擁有政治權力。有能力年繳交相當稅賦以上的男子才被賦予政治權力，此一原則是否可以普遍施行於殖民地，或許可以討論，但絕非必要。換言之，這裡至少有「帝國與殖民地」，「普遍主權與政治權被代表」等兩個層次的觀念問題彼此產生齟齬。

在〈獨立宣言〉（United States Declaration of Independence, 1776）裡，北美十三州的代表很有意識的將他們反對的對象設定為「大不列顛的國王」，而不是英國人或英國議會，這顯然是經過深思熟慮的措辭。更精確的說，〈獨立宣言〉只提過一次「現任的英國國王」，此外一律不再以「國王」而是以第三人稱「他」來指稱喬治三世。文獻指責說，「他」藉由指揮殖民官員，屢次解散人民議會，「他」阻止外國人歸化成為北美人，「他」讓北美司法權依賴他個人的意志等等。〈獨立宣言〉選用「他」來稱呼喬治三世，同時說他是一位暴君（tyrant），類似孟子所說的「獨夫」——如果統治者失去人民的期待，就失去了尊號與職位。所不同的是，〈獨立宣言〉除了向世界各國聲明政變與獨立的原由，也訴諸英國人對於人民的自由權利不該被國王任意剝奪的普遍認知。為什麼英國政治會出現「人民」或議會與「國王」的（君主制度）對立？這就必須說到英格蘭十七世紀的內戰（The Civil War, 1642-49）。

為什麼會發生英格蘭內戰？這歷史問題的提出也可以拿來作為思想史研究的重要例子。傳統政治史的解釋認為，從蘇格蘭王詹姆士六世（James VI, 1566-1625, 1567-1625在位）繼承伊莉莎白入主英格蘭之後（成為英格蘭王詹姆士一世，James I, 1603-25在位），以新教為國教的英格蘭菁英就對他的天主教家庭背景表示疑慮。[8] 他的兒子查理一世（Charles I, 1600-1649, 1625-1649在位）不只繼續提倡他父親所相信的「君權神授」（the Divine Right of King）觀念，更與法國波旁王朝相呼應，一起往「絕對君主制」（absolutism）道路前進，舉

7 John Locke, *Second Treatise of Government* (Oxford: Oxford University Press, 2016).

8 詹姆士六世暨詹姆士一世本人雖為新教徒，但他的母親就是支持天主教，與伊莉莎白一世有過血腥政治交手，最終被伊莉莎白處死的瑪莉女王（Queen Mary of the Scots, 1542-1587）。他對天主教也比較寬容。詹姆士一世的兒子查理一世更娶了天主教的王后，並讓自己的兒子詹姆士二世受洗為天主教徒。

行國王「神聖觸摸」（Royal Touch）儀式幫百姓治病；此後更關閉國會，實行個人統治（Personal Rule, 1629-1640），以行政權取代立法權，開徵新稅。這些措施使得英格蘭國會派仕紳終於起兵反抗。以勞倫史東為主的左派史家認為，所謂「英格蘭內戰」其實應該正名為「英格蘭革命」；它是從十六世紀伊始，英格蘭社會經過一連串社會經濟革命的最終結果。簡單說，早期英格蘭的手工業進展與產業商品化，使得以土地作為財富與權勢來源的貴族階級逐漸式微，掌握流動資金與手工業的城市中產階級逐漸興起。中產階級為了保護他們在市場的優勢與資本的累積，逐漸對國王的專斷統治失去耐性，同時感覺自身的影響力在擴大。史東認為，一六四二—四九的內戰，不過是從十六世紀初至十七世紀中葉這一百五十年經濟結構與社會矛盾激化，也就是社會與經濟革命的最終表現。[9]史東的歷史解釋相當精彩，但他的解釋可以說明結構因素，卻無法解釋歷史行動者的身分——為何這場內戰的領導者多半出身於卡爾文教派？宗教信仰是否為英格蘭內戰的導火線或原因之一？另一位重要左派史家克里斯多佛希爾[10]出版《英格蘭革命的思想起源》（*Intellectual Origins of the English Revolution*, 1965）試圖從卡爾文宗教文化與科學精神面向解釋英國內戰的原因。[11]希爾自承，本書書名有意仿效莫訥（Daniel Mornet）名著《法國大革命的思想起源 1715-1787》。[12]但其實希爾的主人翁不全是像伏爾泰、狄德侯、盧梭那類動見觀瞻或名聲顯赫的泛歐洲知識分子。希爾描繪一個複雜的知識圖像，其中雖有人具有全國知名度如科學家與法官法蘭西斯培根、詩人雪黎（Philip Sidney, 1554-1586）、冒險家華特雷利（Walter Raleigh, 1552-1618）、法官愛德華庫克（Edward Coke, 1552-1634）等等，但還有更多是具有創造力的地方型的知識分子。他們很多是新教徒，像是隨法國喀爾文教派者拉慕斯（Petrus Ramus, 1515-1572）教義的新教徒，長老教徒，以及平等主義者（Levellers）。希爾透過複雜的知識創新群體，描繪英格蘭內戰（革命）前夕，這群人對於契約、憲政理念的關注與追求；這些新政治價值最終從根本上顛覆貴族與封建體制。[13]

政治思想史家賈森（Margaret Judson, 1899-1991）認為，表面上看，英格蘭內戰是王權與議會之間的衝突；但深入點看，他們之間之所以相持不下的原因，在於英格蘭當時尚欠缺

9 Lawrence Stone, *The Crisis of the Aristocracy, 1558-1641* (Oxford: The Clarendon Press, 1965). 承同事李峙皞博士提醒，史東等左派史家對英格蘭內戰的歷史解釋應該與陶尼（R. H. Tawney）論斷十七世紀的政治變革起於內戰前四十年的經濟發展有關。陶尼此處顯然是接續馬克思—韋伯的「資本主義」課題，認為此時期西歐與英格蘭出現了農業資本主義，從而造成英格蘭紳士階級的興起。筆者感謝李博士的提醒與提供陶尼著作。R. H. Tawney, "The Rise of the Gentry, 1558-1640," *The Economic History Review* 11: 1 (1941): 1-38, p. 18.

10 請參考第五章。

11 Christopher Hill, *Intellectual Origins of the English Revolution Revisited* (Oxford: Clarendon Press, 1997).

12 Daniel Mornet, *Les origines intellectuelles de la Révolution française 1715-1787*。(Paris: Librairie Armand Colin, 1947).

13 Christopher Hill, *Intellectual Origins of the English Revolution Revisited* (Oxford: Clarendon Press, 1997), pp. 237-267.

清楚的「主權」（sovereign）概念，也就是在一國（state）之內，究竟是哪個人，哪個團體，或哪個機構對政治事務，尤其是黨派意見衝突有最終的決斷權，可以進而代表此國全體人民（的意志），對外宣戰媾和。直到內戰結束，英格蘭人才恍然大悟到確認主權之所在的重要。這個歷史解釋讓霍布斯在《利維坦》（*The Leviathan*）苦心孤詣創造主權概念的思想工作有了著落，可以得到合理解釋。[14] 與賈森從觀念的角度切入不同，波卡克是從歷史參與者的行動與政治語言的關係入手，他的《馬基維利時刻》可以視作為這一百五十年（一六四〇—一七九〇）歐美幾波政治革命如英格蘭革命、北美革命、法國大革命等提出以共和主義為基調的歷史解釋。這些重大歷史變革中的行動主體中有許多人相信、提倡、傳布共和價值，只是在不同的時代與社會中，共和主義的呈現方式與所強調的重點不盡相同。[15] 更細緻一點說，波卡克將美國獨立運動視為一場革命，其動力來自北美人對於德性（virtue）與剛勇（virtù）的嚮往，以及對於腐敗的憂慮而來。而懷抱此一政治關懷的政治身分為公民。公民與市民社會成員的差別，在於前者對於公共事務（res publica），也就是共和的原始意義，有相當程度的參與意願，而後者很可能單指市場中的消費者。公民理念與實踐的政治哲學基礎不在洛克式的「占有型的個人主義」（possessive individualism）——借用馬克佛森（C. B. Macpherson, 1911-1987）著名的概念，也不是洛克或休姆的經驗主義，而是亞里斯多德的政治動物中的積極人生，以及盧梭對於商業文明的疑懼以及政治共同體的嚮往。[16] 簡言之，歐美近代以來開始出現關係到政治社會安危所需的公民身分，不同社會如佛羅倫斯、威尼斯、英格蘭、北美殖民地在訴諸此一理想時，其所使用的政治語言未必一致，但都是此一共和傳統的獨特表現。[17]

從英格蘭內戰到美洲獨立運動，甚至到後來的法國大革命、俄國革命等等重大歷史事件我們可以得知，極端困苦的人民走投無路的造反或局部的民變，可能出自純粹的生存利害關

14 Margaret Judson, *Crisis of the Constitution* (New Brunswick: Rutgers University Press, 1988); D. Alan Orr, "Sovereignty, Supremacy and the Origin of the English Civil War," *History*, 87: 288 (2002), pp. 474-490.

15 J. G. A. Pocock, *The Machiavellian Moment* (Princeton: Princeton University Press, 1975).

16 J. G. A. Pocock, *The Machiavellian Moment*, pp. 506-552.

17 另一位以觀念或意識形態角度解釋北美獨立運動的重要學者是貝林（Bernard Bailyn）。他於一九六七年出版後來成為經典的《美國革命的意識形態淵源》。這本書反對二戰前後知識界習慣以社會與經濟因素解釋革命理起因的慣性。習慣以社會與經濟因素解釋美國獨立運動的學者認為，殖民時期的北美社會並不比其多數社會來的不自由，而殖民地居民也深知此點，因此獨立因素不會是意識形態或理念之爭。但貝林認為，北美居民嚮往自由是千真萬確之事，從政論小冊子分析，革命派的論述重點不是北美沒有自由，而是害怕失去自由。Bernard Bailyn, *The Ideological Origins of the American Revolution* (Harvard University Press, 1967). 有關本書在近百年美國史研究中的地位可參考 Gordon S, Wood, "Reassessing Bernard Bailyn's The Ideological Origins of the American Revolution on the Occasion of its Jubilee," *New England Quarterly*, 91: 1 (2018), pp. 78-109.

係或完全的物質因素，但是從局部民變到全面抗爭，宗教信仰、意識形態、價值原則因素與物質因素可能就變得重要，這可以從中國歷史上幾次重大民變如黃巾之亂、太平天國都有宗教神學因素，得到證明。而從全面抗爭到建立新政權的正當性，獲得歷史敘述的支持，必然是思想變革的結果；每個人的利益不盡相同，而理念則可以超越個人。十九世紀末以來世界各地如俄國、土耳其、印度、中國的革命，政治觀念與政治價值扮演了關鍵的角色，說明思想在政治變革中的重要作用。[18]

在此，我們或許應該補充說明，政治價值常常不只是「政治的」，它們與道德、人性論等問題常有緊密關聯。例如霍布斯認為人天生具有無可救藥的驕傲、自愛、自私，因而傾向與人爭奪。所以人類這種物種無法主動形成和平、和樂的政治團體，他們必須有自覺的同意將政治權力交付出去，給予一個超然的政治權威來管理他們。[19] 盧梭反對霍布斯的人性論。他認為人固然會要求自身的溫飽，但不會無故侵犯他人。正好相反，盧梭相信人具有天生的同情心，這使得人群可以形成可以合作的團體。[20]雖然盧梭的人性論與其著名的政治理念——「普遍意志」——之間似乎存在著邏輯跳躍，但相對於霍布斯的享樂主義與原子化個人只能組成烏合之眾（multitude），盧梭的人性論相信人作為行動主體可以擁有美德（virtue），所以可以主動地形成政治社會。美德這個人性論的理念後來在法國大革命中扮演了極為重要的角色。羅伯斯比強調美德統治，最終導致恐怖統治，正是西方長久以來道德哲學傳統對政治生活的影響。

思想史的追問不只可以看見政治革命背後的集體動機、價值或意識形態的作用，也可以幫助我們理解歷史中物質生活的變化。「為什麼中國沒有發生工業革命？」無論這樣的問題是否為時代錯置，是否為恰當的歷史學議題，但了解歐洲，尤其是英國工業革命背後的思想基礎，絕對可以幫助我們對中、西歷史進程的差異有更深刻的掌握。過往的歷史解釋認為工業革命就是一連串的技術革新應運於產業的結果，其中的關鍵就是瓦特（James Watt, 1736-

18 十九世紀初黑格爾曾說，中國或其他亞洲國家都只有朝代更迭而沒有革命（revolution）。黑格爾所說的革命，是指離開原地，到另外一種具有進步意義的境界與制度裡去。而制度的目的，在於實踐自由的需求。在一片批評歐洲中心主義以及後工業的時代氣氛中，黑格爾的歷史哲學與觀念論已經被嚴重邊緣化。不過中國近一百多年的兩次革命與過去民變與改朝換代的最大不同，就是新政治觀與世界觀的改變。過去研究民變時，物質條件、人民生活、吏治良窳無疑是關鍵課題，但研究革命時，除了這些固有條件，勢必還需要將政治、道德觀念與政治價值提到優先的研究議程中去。G. W. F. Hegel, translated by H.B. Nisbet, *Lectures on the Philosophy of World History* (Cambridge: Cambridge University Press, 1989.)

19 Thomas Hobbes, *The Leviathan* (Cambridge: Cambridge University Press, 1989).

20 Jean-Jacques Rousseau, ed., and trans. By Victor Gourevitch, "Discourse on the Origin and the Foundations of Inequality Among Men," *The Discourses and other Early Political Writings* (Cambridge: Cambridge University Press, 1997), pp. 135-49.

1819）改良蒸汽機，並使之成為生產動力，造成生產力的躍升。此一歷史說明本身沒有錯誤，但用來解釋影響層面極廣的歷史現象，就顯得過於簡單，且有刻意英雄化特定歷史人物的危險。有些學者強調產業制度與科技發展的共伴效應，以此解釋工業革命的過程，是比較通達的歷史解釋，例如如何從外包制（putting out system）轉變成工廠制（factory system）與紡織機的不斷技術革新等等面相解釋工業革命。[21] 爾來開始有經濟史學者嘗試從啟蒙運動的發展來理解工業革命背後的社會、文化、思想淵源。例如鳩墨克（Joel Mokyr）仔細討論過，十八世紀中葉之後，許多英國工業技術公司的創始人或顧問，都是相關領域的專業人士，而且與當時的新興知識團體，也就是啟蒙社群有極為密切的交往。例如瓦特在伯明罕附近的蘇活（Soho）建廠製造新型蒸氣機時，同時僱用了兩位蘇格蘭專業化學家約瑟夫布列克（Joseph Black, 1728-1799）與詹姆士凱爾（James Keir, 1735-1820）。布列克是愛丁堡大學化學與醫學教授，大衛休姆的家庭醫師。凱爾後來利用他的化學知識從事實業，在四十五歲一度破產，但後來在伯明罕成立了英國最大的鹼業公司。[22] 啟蒙時期，許多哲學家固然在政治、道德、宗教等議題上有許多創建與議論，但他們或許更關心實用知識（useful knowledge）如何可以改善人的生活。所以墨克認為，我們應該「從經濟學以及從思想與制度的背景來理解工業革命。無論我們將啟蒙運動視為時代分水嶺抑或是與前後代之間有延續關係，毫無疑問地，英國經濟與科技菁英在此一心靈世界〔mental world, 按：指啟蒙運動〕

的變化，是爾後工業革命的背景。」[23]

二十世紀中葉，史家比較關心十八、十九世紀歐洲的經濟生活的生產面，包括生產工具、生產制度與政治經濟學，但到了本世紀之交，史家轉而注重消費面。學界對此兩種經濟面向的不同關注，認為是從經濟史與社會史轉向文化史的現象與特徵。[24]儘管這個觀察很有道理，但是群體的消費不只是物理性的行為，而是社會文化中深深內嵌的一部分。消費一定要逃離傳統宗教與道德的抑制，才有可能成為普遍現象，成為經濟學上所謂的生產的拉力，也就是學界所謂的「消費主義」（consumerism），指社會從原本單面關心生產，進而鼓

21 Maxine Berg, *The Age of Manufacture: Industry, Innovation and Work in Britain* (London: Routledge, 1994), pp. 224-234, 235ff. 又可參考 Maxine Berg, *The Machinery Question and the Making of Political Economy 1815-1848* (Cambridge: Cambridge University Press, 1980).

22 Joel Mokyr, *The Enlightened Economy: An Economic History of Britain 1700-1850* (New Haven: Yale University Press, 2009), p. 87. 類似著作可參考 Peter M. Jones, *Industrial Enlightenment: Science, Technology and Culture in Birmingham and the West Midlands, 1760-1820* (Manchester: Manchester University Press, 2008).

23 Joel Mokyr, *The Enlightened Economy: An Economic History of Britain 1700-1850*, p. 85.

24 Frank Trentmann, *Oxford Handbook of History of Consumption* (Oxford: Oxford University Press, 2012). 在英語世界，Neil McKendrick 應該是將消費觀念帶進生產經濟史的先驅史家。N. McKendrick, et. al., *The Birth of a Consumer Society: The Commercialization of Eighteenth Century England* (Bloomington: Indiana University Press, 1982).

勵消費。無論「消費主義」是否需要更多歷史學的惦量，十八世紀的西歐的確已經遠離「禁奢法」（sumptuary law）普遍被認可的時代，遠離強調節儉美德的時代。[25] 而消費要能脫離傳統宗教與道德的抑制，一定要經過一串相關觀念的轉變，其中一個重要的觀念問題就是何謂奢侈（luxury）。[26] 早年研究生產制度與技術的經濟史家瑪辛柏格（Maxine Berg）在後來經濟社會史的研究中就屢屢談到奢侈觀念轉變在經濟生活中所扮演的角色。[27] 柏格研究的「思想史化」，顯然是受到近三、四十年的歐洲政治思想史的影響，有以致之。對十七、十八世紀政治思想家，尤其是對共和主義而言，奢侈是不安的存在，但社會的現實是國際貿易的增加，使得奢侈品變得日常化，因此奢侈就成為懷抱共和理念者與新興政治經濟學必須積極面對的課題與難題。[28] 這意思是說，討論狹義的消費或廣義的政治秩序與經濟秩序，奢侈觀念成為重要的元素。[29] 總之，如果我們想穿透歷史的表面，知道人類歷史巨大變動背後更深刻所由，或想掌握歷史的整體面貌，思想史無疑是理解歷史不可或缺的面向。

25 Ben Fine and Ellen Leopold, "Consumerism and the Industrial Revolution," *Social History* 15: 2 (1990), pp. 151-179. 在史學寫作中，凡是加上「主義」都有可能有過度渲染或時代錯置的風險。此處使用消費主義，只是要說明消費不再是道德哲學關懷的重要議題，消費不會受到道德責難。

26 Christopher Berry, *The Idea of Luxury: A Conceptual and Historical Investigation* (Cambridge: Cambridge University Press, 1992).

27 Maxine Berg, Luxury and Pleasure in Eighteenth Century Britain

28 J. G. A. Pocock, *The Machiavellian Moment: Florentine Political Thought and the Atlantic Republican Tradition*; Istvan Hont, *The Jealousy of Trade International Competition and the Nation-State in Historical Perspective* (Cambridge, Mass.: Harvard University Press, 2005); *Politics in Commercial Society: Jean-Jacques Rousseau and Adam Smith* (Cambridge, Mass.: Harvard University Press, 2013); Istvan Hont and Michael Ignatieff, eds., *Wealth and Virtue: The Shaping of Political Economy in the Scottish Enlightenment* (Cambridge: Cambridge University Press, 1983).

29 中國晚明也曾對奢侈一節有過辯論，只是力道遠遠不及十八世紀西歐，更未與政治思想的闡發合流。林麗月，〈陸楫（一五一五—一五五二）崇奢思想再探——兼論近年明卿經濟思想史研究的幾個問題〉，《新史學》五：一（一九九四），頁一三一—一五三；〈晚明崇奢思想隅論〉，《師大歷史學報》一九（一九九一），頁二一五—二三四。

# 第十章　當前思想史的發展——跨境思想史研究

經過上世紀下半葉的思想史方法論探討以及出版，思想史作為一門次領域已經根深葉茂，這從相關學報的創立、系列出版品與高等教育機構的思想史中心的成立可以得知。惟從二十一世紀初以來，歐美思想史發展又有了一些明顯轉折，其中有兩項變化特別值得討論。第一，從研究內容與寫作來看，許多思想史研究者呼籲嘗試超越國族歷史，此點很明顯與上世紀八〇年代的國族脈絡思想史有所不同。第二，從思想史研究的外部因緣來看，思想史社群的形成已不局限於傳統的單一學科，而具明顯的跨學科色彩。

近二十年來，呼籲跨國族思想史研究的聲音異常嘹亮。相較於中文世界習慣以研究對象的社會階層與學術地位來判斷應否成為思想史討論的課題，西方在思考此類問題時習慣以時間、空間兩條維度來調節思想史研究對象的寬窄。相對於布勞岱的「長時間」概念，近幾十年西方史學似乎有著「空間革命」，倡議歷史研究要盡可能擴大地理範圍，至少要超越國族邊界。不同的學者傾向使用不同的概念來傳達這項願景與新趨勢，其中比較值得關注的有「國際思想史」或「思想史的國際轉向」（international turn of intellectual history）、「世界思想史」（world intellectual history）、「全球思想史」（global intellectual history）等三種命名。[1] 前文提到，從上世紀八〇年代以來，受到語言轉向與脈絡主義的啟發，英語世界出現以國族脈絡來討論重要歷史主題的風氣。以啟蒙運動為例，史家們開始從各國族的政治、社會、宗教特色等條件考察各自的「啟蒙」特質，例如德語區南部以天主教保守啟蒙為其特色，德語區北部（新教）的啟蒙文化表現在由上而下的教育改革與國家的角色，義大利受地形與政治影響而形成的各自半封閉的知識團體以及致力於司法改革的理性主義傳統，英格蘭啟蒙表現在城市生活與神職人員的知識貢獻與參與，蘇格蘭啟蒙是在蘇、英合併的背景下所出現的溫和啟蒙等等。此一波研究趨勢最可貴的學術遺產是讓大寫的或單一的、概括式的歐洲「啟蒙運動」（the Enlightenment）變成複數，同時更精細的啟蒙運動（enlightenments）。從學術的進展來說，複數啟蒙運動的出現，企圖更精準地掌握歷史行動者所使用的語言，不僅僅維持在抽象層次上理解他們的「理論」、「哲學見解」，而能進一步將他們高明或高深的論述與現實社會的關懷連結起來。[2] 不過，國族以及深受國族影響的語言雖可以為思想史

1 John G. A. Pocock, "On the unglobility of contexts: Cambridge methods and the history of political thought," *Global intellectual History*, 4: 1 (2019), pp. 1-14; David Armitage, "The International Turn of Intellectual History," in Darrin M. McMahon, eds., *Rethinking Modern European Intellectual History* (Oxford: Oxford University Press, 2014), pp. 232-252; Samuel Moyn and Andrew Sartori, "Approaches to Global Intellectual History," in Samuel Moyn and Andrew Sartori, eds., *Global Intellectual History* (New York: Columbia University Press, 2013), pp. 3-30. 我們認為跨境思想史（transnational intellectual history）或許是更值得東亞，尤其是近代中國思想史學者注意的類型與方法。以下我們將稍微討論到跨境思想史的意義。

2 Roy Porter and Mikulaáš Teich, eds., *The Enlightenment in National Context* (Cambridge: Cambridge University Press, 1981).

研究帶來令人驚艷的成果，並非沒有缺陷與限制。例如十八世紀的歐洲作家們確實有普世主義的態度，例如相信人性舉世皆然；他們當中一些人也擁抱世界主義，認為人與國家應該彼此合作、共存。普遍主義、世界主義、對平等、人民權利的思考等等課題與思想特徵，固然可以放進國族主義脈絡來分析，但顯然不該只限囿於國族脈絡。當歷史行動者開始思考跨國境的議題，國族主義以及特定的語言、文本脈絡就顯得支絀了。

誠如阿米蒂奇（David Armitage, 1965-）所說，人類歷史上大多數時候是以帝國為政治體；換言之，以政治史角度看，人類歷史大多時候是多民族或跨民族的（international）。[3]這是阿米蒂奇倡議跨族或國際思想史的主要理據。[4]隨著「全球化」的浪潮，近二十年史學界也掀起了全球史的風潮。[5]全球化概念有一元主義的暗示，表示區域或國族差異的消失或邊緣化——這與所謂「歷史的終結」概念只有一線之隔。[6]表面上看，一元傾向的全球化與強調獨特與個別的史學研究有本質上的衝突。但其實最早的全球史研究與貿易史、海洋史、消費史、科學史等研究有關，其強調的面向在於「物質的跨境傳遞」與「人員及貿易的跨洲連結」——連結點逐漸遍布全球。隨著全球史話題的蔓延，全球史除了處理真實發生的準全球性歷史發展如貿易、槍砲、病毒、動植物的移植、十九世紀之後的帝國主義與革命等事物與現象的全球普遍化，其所謂「全球」，更常被用來代表全球、整體、鳥瞰的視角，暗示所處理的主題與世界逐漸縮小成單一體這件事情密切相關。在此意義上，全球史與以往所稱的世界史沒有明顯不同，只是更能反映二十世紀人類的歷史與心理想像——世界各角落人群的互動越來越可能，也越來越緊密，而且會朝著此一方向繼續前進。[7] 在此背景下，晚

3 阿米蒂奇，〈思想史的國際轉向〉《思想史》一：一（二〇一三），頁二一三—二四一。David Armitage, "The International Turn of Intellectual History," in Darrin M. McMahon, eds., *Rethinking Modern European Intellectual History* (Oxford: Oxford University Press, 2014), pp. 232-252.

4 International 一般譯為國際。但這顯然是受到歐洲十七世紀之後的民族國家（nation-states）歷史所影響而形塑出來的觀念。羅馬帝國中心與外邦的關係，或清廷與蒙古族、新疆、雲貴、回族的關係，可以是international（多／跨族群的），卻不能以現代的國際關係來理解。葛兆光對強調國際思想史一節有不同的態度。可參考葛兆光，〈「思想史國際轉向」與東亞或中國思想史研究——對David Armitage教授〈思想史的國際轉向〉一文的回應〉，《思想史》一：一（二〇一三），頁二五七—二七八。

5 比較具代表性的說帖，可見康拉德（Sebastian Conrad, 1966-）的綜述，《何謂全球史》（*What Is Global History*, Princeton: Princeton University Press, 2017）。以北卡羅來納大學歷史系與杜克大學合辦的「全球史」學程，認為全球史強調超越地區、國族單一文明的歷程。這些歷程包括「殖民主義、帝國主義、國族主義、國際關係、環境、宗教、勞動力、性別、商貿、流行文化、人口」。又說，全球史者，是想以整體地球（planetary）、跨國族（transnational）的視角，以期達到從固有的區域或國族角度所無法獲致的洞見。參見 https://history.unc.edu/what-we-study/global-history/（二〇二二年六月二〇日擷取）。其實這些歷程早已是歷史學研究多年的課題。課程說明的舉例固然掛一漏萬，但只是暗示新的研究視角可以獲得新的研究成果。

6 Francis Fukuyama, *The End of History and the Last Man* (New York: Free Press, 1992).

7 許多刊載於《全球史》學報（*Journal of Global History*）以及《全球思想史學報》（*Global Intellectual*

近有學者倡議「全球思想史」（global intellectual history），將原本偏重物質的全球史加入觀念的全球史類型。摩雍（Samuel Moyn, 1972-）與沙多立（Andrew Sartori）認為，全球概念可以（一）作為史家的後設分析範疇（meta-analytical category），（二）作為一種空間，以及實際分析的內容，（三）指存在於歷史人物主觀意識內的「全球」。8

表面上看，這些倡議都認為思想史研究應該超出國族，盡量擴展研究所涵蓋的地理空間。隨著空間的顯著外延，intellectual history 一詞，已經不再是狹隘的智識（分子）的歷史，而只能是以觀念為主要分析對象的歷史了；這意思是說，個別知識分子的個人思想傳記因素以及所處社會的地方情節，很難進入全球的分析。如果史家真能找到一個摩雍所說的「後設分析範疇」，也就是一種獨特的全球視野，其研究必能為讀者與學界提供清新的觀點。但在空間極度擴大的當下，如何維持歷史學的真正本業，也就是呈現（長）時間變化，如何避免將歷史描述成以單點（單一重要文本）為節點所串連起來的觀念發展史，如何避免無視於史基納思想史的基本關懷——不隱埋掉歷史思想人物並保留必要的脈絡分析，必然是所謂全球思想史所當面對的課題。9 波卡克在一篇自省兼自解的文章中，提議以「世界思想史」（world intellectual history）來指稱思想史的「全球轉向」，目的就是希望可以在擴大思想史研究的空間時，同時保有語言以及文本脈絡的「家法」。波卡克認為，相比於全球，「世界」概念與「多文化實體的存在」概念比較相契。他更進一步設想，世界思想史存在於軸樞時代（axial age，或譯為軸心時代），例如幾個獨特且彼此獨立的政治思想體系在特定時空中出現，就代表了政治思想的軸樞時代與世界史的顯現。[10] 換句話說，對波卡克而言，無論我們是要稱跨國族思想史的寫作為全球思想史還是世界思想史，其研究與書寫的前提是要先確認某個軸樞時代的出現。

---

*History*），多數文章的主題，甚至寫作方式與傳統世界史，甚至國別史、地方史沒有特別不同。

8 Samuel Moyn and Andrew Sartori, "Approaches to Global Intellectual History," in Samuel Moyn and Andrew Sartori, eds., *Global Intellectual History*, pp. 3-30.

9 Rosario Lopez, "The Quest for the Global: Remapping Intellectual History," *History of European Ideas*, 42: 1 (2016), pp. 155-160; Donald R. Kelley, "Intellectual History in a Global Age," *Journal of the History of Ideas*, 66: 2 (2005), pp. 155-167; Sanjay Subrahmanyam, "Global Intellectual History Beyond Hegel and Marx," *History and Theory*, 54: 1 (2015), pp. 126-137.

10 John G. A. Pocock, "On the unglobility of contexts: Cambridge methods and the history of political thought," *Global Intellectual History*, 4: 1 (2019), p. 3. 軸樞時代概念是出自德國學者卡爾雅斯培（Karl Jaspers）在《歷史的起源與目標》（*The Origin and the Goal of History*）一書。其基本意思是說在西元八世紀至二世紀之間，世界上幾大宗教及其背後哲理已然完備。波卡克暗示，政治思想史的軸樞時代應該在一五〇〇—一七〇〇年間。在此一時期，以拉丁文、希臘文、歐洲方言為主的（歐洲）、以波斯文、阿拉伯文、伊斯蘭、亞洲各有其完備的政治思想體系。Pocock, "On the unglobility of contexts: Cambridge methods and the history of political thought," *Global Intellectual History* (2019), Volume 4, Issue 1: British socialism(s) and European socialism(s), pp. 8-11.

處今日世界，全球化是毋庸置疑的事實，儘管反對全球化的聲音時有所聞，但與其說是人類希望返回上世紀中葉以前的世界，不如說是對於全球化所造成的極端現象的重視。今日銀行、會計、現代主權國家、現代司法等制度已是全球相互仿效、共通的制度；人權、女性權利、勞工福利、環保意識等相關價值與觀念也已經逐漸被世界各國所承認——儘管強調的重點與覆蓋的稠密程度不一；工業製造的全球相依性其實是日漸加深而非變淺。但全球化並不表示國家已經喪失了它的正當性；正好相反，當代主權國家可能正以新的形式執行它的職能，甚至對抗全球化，重新鞏固國家主權。正如葛兆光所言，中國史的特殊性無法讓研究者放心的捨棄對國族脈絡的繼續深研。[11] 此外，波卡克也提醒學者，全球化概念預設了「前全球化」的時代，暗示了有些時代會被排除在議程之外，有些時代比其他時代更值得重視。全球（史）作為一種視角，的確可以提醒研究者隨時保持靈敏，或許在習以為常的地理與空間框架與限制，或國族脈絡之外，永遠有另外一扇窗可以打開，讓歷史解釋增加另一種可能。不過，史家對於地理與空間的敏感與企圖心固然可取，他應該不能忘記，對於以長時間的角度追索思想事件的濫觴與來龍去脈，依舊是史家的核心關懷，畢竟歷史研究的主要使命就是從時間與變化中尋求研究議題的答案。[12]

成熟的歷史工作者不會為了超越國族而超越國族；反之，也不會明知跨國族研究可以讓某一議題的解釋更透徹，底蘊更寬廣而刻意畫地自限（限制的起因多半是因為研究生命的有限，現實的出版壓力，語言能力的限制）。十九世紀之後，國際法的倡議，正義概念的無遠弗屆，金融體系的統一，帝國的向外擴張等等現象讓某些歷史現象必須且只能以全球化作為視角。[13]當然，遠早於十九世紀之前「全球化」就已經開始進行，它的力道常常超出我們所願意承認的。但同樣的，即使是在全球化至為明顯的二十一世紀，地方風俗、經濟與文化，也常常發揮超出我們願意承認的方式與力道，繼續形塑著地方人們的世界態度。總之，從歷史研究的專業角度而言，從文本、地方到國族、全球，脈絡的寬窄必須與議題以及史料的性質相互適應。處理十九世紀下半葉帝國主義之後的世界，全球框架幾乎是不可避免的入手處。[14]正如同研究亞洲近代革命勢必要從全球政治的浪潮下著眼，而研究梁啟超、魯

11 葛兆光，〈「思想史國際轉向」與東亞或中國思想史研究——對David Armitage教授〈思想史的國際轉向〉一文的回應〉，《思想史》一：一，頁二五七—二七八。

12 歷史是時間之學；與時間相比，空間是第二義。

13 Jürgen Osterhammel, *The Transformation of the World: A Global History of the Nineteenth Century* (Princeton: Princeton University Press, 2014).

14 例如 Quinn Slobodian, *Globalist: The End of Empire and the Birth of Neoliberalism* (Cambridge, Mass.: Harvard University Press, 2018); Nicole Cu Unjieng Aboitiz, *Asian Place, Filipino Nation: A Global Intellectual History of the Philippine Revolution, 1887-1912* (New York: Columbia University Press, 2020)。嚴格說來，標榜全球思想史且獲得極佳知識成就的史學作品尚未多見。微觀歷史使得史學與小說的界線變得模糊，而站在它對角線對面的全球史

迅、李大釗、孫中山等人的思想，卻忽略了跨國的思想史面向，那就不容易窺其全貌，也平白喪失鉤沉其世界史底蘊的機會。[15]

似乎充滿史學議論，充滿應該如何寫宏觀歷史的討論，卻還沒能寫出精彩的思想故事。Arnulf Becker Lorca, *Mestizo International Law: A Global Intellectual History 1842-1933* (Cambridge: Cambridge University Press, 2014) 討論／比較了土耳其、中國、拉丁美洲與當時國際法的倡議與相關制度的籌議與設置。很可惜，書中對於中國歷史的討論都仰賴二手資料，而且書中內容幾乎沒有任何實質的思想或觀念分析。W. R. Ward, *Early Evangelicalism: A Global Intellectual History, 1670-1789* (Cambridge: Cambridge University Press, 2006) 雖有對神學家如衛斯理（John Wesley, 1703-1791）、愛德華（Jonathan Edwards, 1703-1758）的觀點進行分析，但研究對象幾乎限於英國與北美，不知如此何以能稱之為全球思想史。

15 以宗教群體為研究對象的歷史，也比較容易有所謂全球思想的基礎，例如 Cemil Aydin, *The Idea of the Muslim World: a Global Intellectual History* (Harvard University Press, 2017).

# 第十一章　從跨境思想史到比較思想史

十九世紀以來，歐美的科技、經濟、法律、政治、道德、人文、社會、藝術、醫學等等各種相關建置與思想如狂風驟雨襲打東亞諸國，尤以朝鮮、日本與中國為最。研究中國民族主義，社會主義，胡適的科學觀與自由觀等等議題當然都可以專就中國當時的社會背景、在地脈絡、中文（思想）語境來進行分析與撰述，但無可諱言，這樣的作法無疑是將這些觀念與思想在地化、國族化。討論外來思想的在地化過程當然是重要的思想史敘事，但這只是整體思想史故事的一部分，而非全部。[1] 學者們開始注意觀念、文本、思想從其「發生地」傳布到其他語境的複雜過程。[2] 此一主題完全可以歸屬於國際思想史的範疇，但如果我們將重點聚焦在跨文化、跨語境與跨國族的「過程」，那麼此種文類或許可以稱之為跨境思想史——跨越單一國境與語境的思想史研究。跨境思想史當然與翻譯有極為密切的關係，但不會僅限於討論翻譯的良窳或正確與否。甚至在此研究中並不預設翻譯的正確與否。用史基納的話來說，跨境思想史研究傾向將異境（國）文本的選擇與翻譯的工作當作行動來加以分析。

中文學界對於跨境思想史研究並不陌生，尤其是儒學與佛學（教）在南亞與東亞的傳布都必然是跨境的。許多學者精確地了解，文本在傳譯過程中，許多看似「誤讀」、「誤譯」的關鍵概念與詞彙，其實是譯者有意將文本嵌入在地思想脈絡的結果——如果過度或只專注於傳播者是否正確理解西方觀念，其實是買櫝還珠的學術行為。[3] 既然在地脈絡才是研究的重點，是否歷史研究就不存在「誤讀」或「誤譯」的問題了呢？研究者盡力正確理解問題文本固然是研究的基本要求，如果研究者不知道文本在創造當地所具有的歷史意義——我們不妨稱之為「創地脈絡」——他就不可能知道觀念與思想在轉譯與傳布過程中所遭遇的困難與變形。此處提出「創地脈絡」一詞，最主要的原因是從晚清以降，中文世界已經非常有意識地區分東、西思想的差異，並且以集體、系統介紹，翻譯西方思想為當務之急，甚至視為

1 劉禾著，宋偉杰譯，《跨語際實踐：文學，民族文化與被譯介的現代性（中國，一九〇〇—一九三七）》（上海：三聯書店，二〇〇八）。

2 Fania Oz-Salzberger, *Translating Enlightenment: Scottish Civic Discourse in Eighteenth Century Germany* (New York: Oxford University Press, 1995).

3 蕭高彥，〈《民約論》在中國：一個比較思想史的考察〉，《思想史》三（二〇一四），頁一〇六—一五八；黃俊傑，〈從中日比較思想史的視野論經典詮釋的「脈絡性轉換」問題〉，《台大歷史學報》三四（二〇〇四），頁三八一—四〇二。蕭高彥自承他是以史基納的脈絡主義以及劉禾所提議的「跨語境實踐」來討論晚清楊廷棟、劉師培、馬君武等人對政治的想像與他們對盧梭思想的譯介產生特定意義。黃俊傑研究認為，日本學者在傳習中國經典時，經常會先將經典文本「去脈絡化」，再進一步做「脈絡性轉換」。文中去脈絡化與脈絡性轉換主要是指「概念置換」，例如中國經典中的「中國」傳到日本後會被改成「中道」等等。另外可以參考 C. K. Y. Shaw, "Yan Fu, John Seeley and Constitutional Discourses in Modern China: A Study in Comparative Political Thought," *History of Political Thought* 37: 2 (2016), pp. 306-335.

創立現代中國的前提。歷史中的轉譯者（行動者）之所以以西方思想為尚／上，與他們的文化與政治議程有關，他們的翻譯與詮釋行為一定是在某種「在地脈絡」下完成的。但這些歷史行動者未必對於所傳譯觀念的創地脈絡有興趣或有所研究。歷史研究者卻可以站在歷史高度，以後見之明同時擁有東、西雙邊的歷史理解，透過此種獨特的第三者視角，史學研究者可以提供讀者更立體，或真正有相關性的歷史理解。

例如談西歐近代早期的自由思想，至少有社會自由與政治自由兩種相關卻獨立的理論。社會自由理論除了牽涉到洛克所強調的財產權，也不能離開洛克所提出的「寬容」（tolerance）概念。洛克之所以認為寬容重要，主因是宗教改革之後，許多歐洲國家君主或主權者的宗教偏好嚴重影響人民的信仰自由，以及由此衍伸的公民權之限縮。洛克提出「信仰為個人之良心」的命題，指良心與政治無關，國王或政府不能干預個人的良心，是以信仰不該受到政治的干預。[4] 一六九五年，英格蘭國會取消〈許可法〉（Licensing Act），自此文字出版無須經過事先審查。此一社會自由的進展造成倫敦出版業的蓬勃，而其背後的重要推手之一也是洛克。宗教寬容與社會自由之間的關係，是西歐自由思想發展的重要章節。一七六三年，伏爾泰發表小冊論《寬容論札》（*Treatise on Tolerance*），延續了洛克的社會自由與宗教自由觀念，只是伏爾泰的論述風格更辛辣，更針對性的攻訐天主教教會。[5] 宗教寬容是西歐近代早期自由思想發展過程中的重要議題；從事後的觀點看，強調國家對於不同宗教派別的鬆綁與寬容，不禁止特定宗教或只鼓吹單一信仰或教派，被認為是通往社會自由的一種方法。晚清以來，中國知識分子陸續接觸、介紹西方自由思想，但對於宗教寬容與言論寬容的討論卻相當有限，更多的關注集中於集體的自由，尤其是反殖民，反帝國主義的國家政治與民族經濟自由。民初當然也有環繞在個人主義的自由觀念，比如婚姻自由，但整體而言，民初知識分子極少涉足以個人良心、個人責任、個人幸福為核心的社會自由的哲學討論。中國在接觸與吸收歐洲自由主義思想過程，其路徑與關心的重點顯然與歐洲的歷史經驗不同。[6]

4 John Locke, *A Letter Concerning Toleration* (1689). 洛克之所以得出信仰為個人良心的事業，當然是與他的經驗主義心智哲學有關。此時寬容對象是指基督教內部的各種派別如羅馬公教、新教，以及新教內的各教派，而不及談論異教徒是否可以獲得同樣的政治保護。

5 Voltaire, *Treatise on Tolerance*. 伏爾泰有一個非常有趣的觀察。他說雍正元年的禁教令的起因是耶穌會、道明會、聖方濟會各教派的神職人員彼此鬥爭的結果，而不是雍正或中國的不寬容。伏爾泰甚至認為，雍正是中國歷史上最有智慧，雍容大度的皇帝。

6 傳統中國政府對於人民宗教信仰的管理是局部的，例如對於淫祠（祀）的壓制，而不是全面的。之所以如此，部分原因是中國沒有國家宗教，所以對於教派沒有嚴格的定義或控制。幾次較大規模的宗教壓制，多半出於政治穩定或經濟搜括的動機，少觸及神學辯論。但是又正因為如此，此間的宗教議題，沒有發展出信仰與良心自由之關係的論述。

胡適是少數將寬容與自由並觀的中國近代知識分子；胡適年輕時有明顯的反宗教傾向。他於逝世前三年，在《自由中國》雜誌上發表〈容忍與自由〉一文深自反省道，「我自己敘述五十年前主張『假於鬼神時日卜筮以疑眾，殺』的故事，為的是要說明我年紀越大，越覺得『容忍』比『自由』還更重要。」[7]「容忍比自由更重要」的觀點，當然可以視為自由主義的社會觀。很可惜，除了交代這一觀點是來自他在康乃爾大學求學時的老師喬治布爾（George Lincoln Burr, 1857-1938），胡適並未對容忍與自由的關係做出任何說明：例如何以對社會而言，容忍更重要？在何種意義上更重要？胡適的意思是，即便有自由而無容忍，社會依舊不美好，還是說，容忍實為自由的基礎或前提，沒有容忍的社會就不可能有自由？[8]胡適一生很少親近宗教與神學，他的宗教自由觀念應該是從乃師布爾處習得。布爾長年研究北美新教徒的獵巫史。布爾的獵巫史啟發了胡適，甚至讓他想起年少時的恣意輕狂的反鬼神論，並深以自歉，從而反省了容忍與自由的關係。胡適說：

試看歐洲的宗教革新運動的歷史。馬丁・路德（Martin Luther）和約翰・喀爾文（John Calvin）等人起來革新宗教，本來是因為他們不滿意於羅馬舊教的種種不容忍、種種不自由。但是新教在中歐、北歐勝利之後，新教的領袖們又都漸漸走上了不容忍的路上去，也不容許別人起來批評他們的新教條了。喀爾文在日內瓦掌握了宗教大權，居然會把一個敢獨立思想、敢批評喀爾文教條的學者塞維圖斯（Servetus）定了「異端邪說」的罪名，把他用鐵鍊鎖在木樁上，堆起柴來，慢慢的活燒死。這是一五五三年十月二十三日的事。這個殉道者塞維圖斯的慘史，最值得人們的追念和反省。宗教革新運動原來的目標是要爭取「基督教的人的自由」和「良心的自由」。何以喀爾文和他的信徒們居然會把一位獨立思想的新教徒用慢慢的火燒死呢？何以喀爾文的門徒（後來繼任喀爾文為日內瓦的宗教獨裁者）柏時（de Bèze）竟會宣言「良心的自由是魔鬼的教條」呢？[9]

胡適對社會自由與政治自由之間的差異可能沒有特別心得，但他對於新教、異端、宗教自由、良心自由的綜合描述傳遞了西方自由主義思想的一些核心觀念。但不同於洛克，以及後來的大衛休姆（David Hume, 1711-1776）以經驗主義心智哲學證成宗教與社會自由，胡適

7 胡適，〈容忍與自由〉，《自由中國》（一九五九），頁一七九。

8 布爾反對神學的歷史解釋，並且編纂過北美巫術審判的歷史文獻，George Lincoln Burr, *Narratives of Witchcraft Cases, 1648-1706* (New York: C. Scribner's Sons, 1914)，可以算是上世紀晚期研究獵巫及其相關文化史的先驅。布爾的背景讓他對宗教與自由的關係有很深刻的感悟，絲毫不值得訝異。

9 胡適，〈容忍與自由〉，《自由中國》，頁一八〇。

將一個社會是否能獲得自由，歸諸於民眾的修養，容忍異己的「雅量」。

這是宗教自由史給我們的教訓：容忍是一切自由的根本；沒有容忍「異己」的雅量，就不會承認「異己」的宗教信仰可以享自由。但因為不容忍的態度是基於「我的信念不會錯」的心理習慣，所以容忍「異己」是最難得，最不容易養成的雅量。[10]

胡適在近代中國自由主義傳統中具有重要地位，故無可疑，[11] 他對宗教自由的觀察在中國近代思想史中更具有特殊意義。胡適將容忍直接連結到「雅量」，等於是承認個人修養對於社會自由的重要性，隱隱中透露中國傳統修身、齊家、治國的道德與事功實踐順序。但什麼是「雅量」？依照胡適的邏輯，雅量是否比自由重要？顯然，以宗教自由或社會自由為研究對象，在英格蘭的創地脈絡與在現代中國的在地脈絡之間存在著相當大的差異。在研究跨境思想史時，雖然在地脈絡才是研究標的，但對創地脈絡的深刻理解，應該有助於對在地思想史脈絡的把握。

儘管如此同時掌握創地脈絡與在地脈絡可以厚實跨境思想史研究的理解，但無論如何，歷史研究的重點不在以後代的「精進」或「相對正確」來俯視過去人物的思考與文化創作，而是要進入他們的時代條件與思考內部（所謂「進入思考內部」是一種比喻性的說法），理解他們為何那樣選擇、翻譯、傳布、強調某些字句、段落、觀念。更重要的，我們不只研究傳布者本人的思考與理解，更研究他們的時代接受者。換言之，我們是在某一傳入文本的文化與社會影響力的前提下，對那份特殊文本進行歷史性的理解。所以我們是在文本與思想轉譯的整體效果與意義下來理解以該文本與思想為核心的歷史。在此歷史研究的意義中，糾錯就變成是非常邊緣，微不足道的工作了。

所有的（異文化）文本閱讀與挪用都是平等的，只是有些能發揮社會或時代影響力的（錯誤）閱讀與挪用更加平等。不同社會在理解、實踐某一觀念與價值時，原就會因為不同的時空背景、社會條件、文化傳統、語言限制而對該觀念有不一樣的理解。當關鍵觀念與價值具有跨文化身分時，脈絡化的歷史理解就必須考慮多語、多國族脈絡的問題。史基納本人似乎沒有意識到跨境思想史的研究牽涉到「創地脈絡—轉地脈絡」等複數脈絡的問題。更公允地說，史基納對於「思想從跨境到進入新文化價值網絡的故事」缺乏興趣，畢竟他真正關心的是如何「歷史的理解哲學」。但對於東亞思想史研究者，尤其是十九世紀下半葉之後的東亞思想研究者而言，跨境思想史應該特別有意義，特別關鍵。

觀念的跨文化傳譯會發生轉地脈絡與創地脈絡之間的不同，所以有些學者會為他們的跨

10　胡適，〈容忍與自由〉，《自由中國》，二一：一一（一九五九）。
11　余英時，《中國近代思想史上的胡適》（新北：聯經出版事業公司，一九八四）。

文化思想史研究冠上「比較思想史」的品名。[12]雖然脈絡的轉換一定造成特定觀念在不同社會中出現或粗或細的樣貌差異，但跨境思想史的敘述核心應該是觀念流轉、在地脈絡化、差異實踐等等歷史敘述而不是比較觀念構想的異與同；簡言之，比較思想史與跨境思想史應該屬於不同的文類，各自有其價值與方法論上的特色。

跨境思想史研究觀念與價值傳遞、轉譯與繼受的歷史，與絕大多數的歷史一樣，這是發現、重構、解釋與詮釋的歷史；而比較思想史的重點在於比較而非發現，它有賴學者依據其史識決定比較的課題，在揀選的同時，學者有義務說明其選擇的原則與比較的基準。研究跨境思想史是在建立「一種」歷史，一種觀念從原生地流傳到異地而被重新理解、利用與實踐的歷史；而研究比較思想史則是意圖同時交代「兩種」或多種歷史，他將待比較的幾種不同的歷史片段從各自的連續的歷史時間中切割出來並列而觀，目的是要透過比較獲知它們的獨特之處。所以，雖然「比較思想史」涉及跨境，經常跨越國族空間，[13]但它既非跨境思想史也非全球思想史，而應該是自成一類的歷史書寫。簡單說，跨境思想史的研究對象多半有文化接觸，而比較思想史則否。跨境思想史研究觀念或人物在時間之相續中的地域差異，而比較思想史則刻意壓低時間變化的重要性，轉而關注語言、社會、文化等結構，研究這些結構如何讓觀念或思想人物變得可比較。從固有的時序、變化之學轉變成結構性的比較，其中當然有得有失，而中國乃至東亞諸國史學之所以關注比較史學，與此地區繼受許多西方觀念的歷史背景息息相關，自不待言。

十九世紀法國古代史學者古朗士（Numa de Coulanges, 1830-1889）相信歷史學是純粹的科學（la science pure）而非藝術。他曾說過一句實證史學喜歡複誦的名言道，「您不用稱許我，因為並不是我在說話，而是歷史透過我的嘴在說話。」表面上看，這只是蘭克科學史學的另一種表達，只是法國人總是有辦法將德國人苦心發現的「真理」用更引人入勝的語言重述，而令讀者以為，首先發現了真理或更接近真理的，總是法國人。古朗士把史學家的身分定義為透明無塵的傳音管，史學家不具備第一或第三人稱的身分，而是歷史復活實驗室中的工具。古朗士之所以認為歷史人物可以直接向當代讀者說話，除了是因為他相信實證主義的科學觀，人可以揭露自然事物的本來面貌，也因為史家在研究與寫作中恪守一個倫理守則，就是不將自己的主觀意見表現在書寫上。前面提到，史家必須有意識的讓自己的判斷與歷史事實劃清界線。但事實上史家當然在研究與寫作中始終占據關鍵而主動的角色。無論是議題導向或分析性質的歷史研究還是以時代導向或綜合描述的歷史建構，都一定是史家的作品；

12 見蕭高彥、黃俊傑等前揭文，以及水田洋，《思想の国際运位：比較思想史的研究》（名古屋：名古屋大學出版社，二〇〇〇）；Nakamura Hajime（中村元）, *A Comparative History of Ideas* (Dehli: Motilal Banarsidass, 1998).

13 李鐵強，《中法近代重農思想比較》（北京：中國社會科學出版社，二〇〇九）。

史家決定何種議題重要，何種人物應該入史，何種歷史值得關切，值得用盡生命研究，只是史家不會對於被研究的人事進行赤裸裸或直接的評述。

在比較（思想）史中，史家的積極角色更為透顯。因為比較史學通常是將兩段沒有相續關係的歷史或兩位沒有接觸的思想家放在同一基準或意義指標上一起分析，它／他們之所以一起出現在歷史研究中，是出於史家的刻意操作。[14] 換句話說，比起其他各種歷史，比較思想史的人為鑿痕更清楚，藝術性更強，同時更加考驗著史家的學識與能力。將西方的正義（justice）與中國古代的「義」做歷史性的比較是否合適？將孟子的「惻隱之心」與亞當史密斯的「同情共感」（sympathy）或盧梭的「憐憫」（pity）做概念的比較是否恰當，是否真的可以幫助我們更了解這些人物的的思想，還是會治絲益棼？歐洲文藝復興大文豪伊拉斯莫斯被拿來與文起八代之衰的韓愈並觀，究竟是比較研究還是比附？馬基維利是否可以拿來與同時代的王陽明做比較？

比較研究原是歐洲知識傳統中的一環。亞里斯多德（Aristotle, 384-322 BCE）在研究克里特（Crete, Κρήτη）、斯巴達（Sparta, Σπάρτα）、菲尼基（Phoenicia, Φοινίκη）各城邦後，整理出三種主要政體類型包括民主、寡頭、君主，是比較政治學的濫觴。[15] 十八世紀法國哲士孟德斯鳩延續此一比較傳統，「考察」歐洲、近東、遠東古今政體在其名著《論法的精神》重新定義政體類型。[16] 十九世紀德國語言學家與宗教學者穆勒（Max Müller, 1823-

1900）甚至評論道，只知道一種宗教，等於對宗教無知。這些比較研究都同時注意幾個主要文明與社會中的同與異，然後整理出幾種概念式或理念形（ideal-typical）的類型，並預設這些類型具有普世的解釋力。

歷史研究的傳統使命是了解、體現研究對象如人物、社會、國家、時代的獨特面貌或特質。在同一語言文化或國族中，歷史特質就是朝代或時代的特質。比較（思想）史則相信，透過兩種（或多種）不同文化的比較，可以襯托它們各自的特色。[17] 韋伯的經濟與宗教研

---

14 上世紀中葉，歷史學曾經有過「歷史是科學還是藝術」這樣的爭論。當然，科學或藝術這兩個概念都不足以描述歷史學的容貌與精神。不過如果真要如此二分，相較於其他史學次學科，比較思想史可能是最靠近藝術光譜的了，因為它的存在的第一因，完全仰賴史家的創造——創造出兩個歷史之間的「可比較性」。H. Stuart Hughes, *History as Art and as Science: Two Vistas on the Past* (Chicago: Chicago University Press, 1964).

15 Aristotle, *Politics* (1279a- 1288b).

16 孟德斯鳩認為三種主要政體分別為共和、君主、專制。孟德斯鳩的分類顯然帶有強烈的現實批判的目的，批評當時波旁王室對地方議會權限的不尊重，而不是為了（政治）「科學」的原則。Montesquieu, translated and edited by Anne M. Coller et. al., *The Spirit of the Laws* (Cambridge: Cambridge University Press, 1989), pp. 10 ff.

17 有些學者喜歡從比較中找出兩種文化，例如中、英或中、西文化的共相。當然，有些文化比較的興味來自於一種似曾相似的驚喜。例如錢鍾書（一九一〇—一九九八）在《管錐篇》（一九七九）提出許多中西諺語、學者作家的意見所隱含的道理與世界態度的相似性，就是發現東海聖人與西海聖人相似的驚喜與樂趣。但是，如果

究是學術史上相當著名的比較研究的例子。韋伯認為西方資本主義與一五一七年宗教改革之後的新教文化都發生在歐洲，這中間一定有一種關係。他論道，喀爾文教義中的「前定論」（Prädestination, predestination，或譯「預選說」），路德所闡述的「志業」（Beruf, vocation 或譯為 calling），都影響了新教徒的工作倫理和工作態度。根據預選說，一個人得救與否，完全來自上帝的恩寵，與個人的才德以及努力無關。此一教義使得教徒有種極深的救贖焦慮。為了減緩深刻的焦慮，信徒們反而在生活中實踐勤奮工作與節制欲望的信條。韋伯稱這個倫理實踐為理性化。志業的意思是說應該將職業當作是上帝在此世的召喚來榮耀祂。總之，資本主義或裡頭的資本累積只是這套宗教或精神文化的外顯與制度。韋伯用淺顯的話說，所謂資本主義其實是一方面應該越賺越多錢，另一方面又確認賺錢與此世的（即時）享受無關的經濟行為與倫理思想的套合。[18]

韋伯後來比較了伊斯蘭教、印度教、佛教、儒家學說來彰顯資本主義精神的獨特文化意義。韋伯的比較方法其實是將基督教之外的宗教文明當成是基督教世界的他者（the Other），研究它們的目的更多是為了烘托基督教的特質，可以更「同情地理解」基督教的內在價值，而不是為理解、體會（verstehen）其他宗教；簡言之，其他宗教與社會在韋伯的理論中只是配角。[19] 儘管如此，從歐洲歷史研究的立場來看，韋伯的比較研究不只更多面的凸顯近代基督教文明的特色，也激起比較宗教與比較社會的研究興趣。

受到韋伯及其胞弟阿佛列韋伯（Alfred Weber, 1868-1958）影響的德國文化哲學家雅斯培（Karl Jasper, 1883-1969）提出軸樞時代的概念，認為西元前八世紀至三世紀，在波斯、印度、中國、地中海東岸（古伊朗）與北岸（希臘羅馬）都經歷了深刻的宗教與哲學蛻變，這些各自發展的思想如索羅亞斯德主義、印度形上學思想與邏輯學、中國諸子百家學說、希伯來先知智慧、希臘哲學等共同形塑了人類社會此後兩千年的文化面貌。在今天的學風下，雅斯培的論述或許會被認為是全球比較（思想）史，但它更深刻的意義應該是在經歷歐洲帝國主義與殘暴而慘烈的兩次世界大戰後，企圖以世界主義重新理解人類共同的命運與遺產的

我們進一步挖掘下去，合理定位這些諺語所出現的歷史背景、語言脈絡、價值系統，我們可能會發現，所謂共相只是表面或表象意義上的同，其歷史肌理、言論的底蘊常常相異不啻千里。錢鍾書，《管錐編》（三卷）（北京：中華書局，一九七九）。

18 Max Weber, Talcott Parsons, trans., *The Protestant Ethic and the Spirit of Capitalism* (New York: Charles Scirbers' Sons, 1958), p. 51. 對韋伯而言。儘管後來其他國家可以模仿資本主義經濟模式，但未必能深刻體認其倫理性意義。

19 Bryan S. Turner, "Orientalism, Islam and Capitalism," *Social Compass*, 25: 3-4 (1978), pp. 371-397 此處所謂同情的理解是指韋伯的研究目的在於回應馬克思對資本主義的批判。值得一提的是，強調對國史要有溫情與敬意，要有同情之理解的錢穆其實也是用韋伯式的方法來談論外國歷史，目的只是要烘托中國歷史的獨特意義。其中有許多精彩洞見，但就是缺乏對被比較的對象的實證研究與同情理解。錢穆，〈導論〉，《國史大綱》（北京：商務印書館，一九四五）。

努力。這些古代思想與文化是眾所周知的事實，但雅斯培的比較為這些在歐洲中心主義裡評價參差不齊的人類遺產提供了一個（暫時性的平等）平台。[20]

自此，比較歷史學大概可以分為尋求韋伯式的獨特歷史意義，與尋求雅斯培式的普遍的文明意義兩種類型。但嚴格說來，韋伯與雅斯培的學術都與現代社會學的興起比較密切。相較於社會學界，歷史學界對於比較歷史學投注的關注明顯欠缺。當代學者夏德（Walter Scheidel, 1966-）就說，在史學領域，比較的分析研究很少，而有關比較研究的方法論更少。夏德所言應該是歐美學界的實情。[21] 近幾十年來歐美重要的比較歷史研究泰半出自社會學者之手。[22]《社會與歷史比較研究》（*Comparative Studies in Society and History*）或許是唯一一份以「比較歷史」為名的學報。該報核心編輯群是密西根大學人類學系的學者，而且「歷史」是在「社會」之後。[23] 這些社會學著作多半注重不同社會之間的共同課題與類似結構。個人因素與思想在他們的「歷史」解釋中處於邊緣地位。本世紀初在中、西史學界都頗有影響力的《大分流》（*The Great Divergence: China, Europe, and the Making of the Modern World Economy*, 2000）也是傾向以地理環境與結構來解釋中、英兩國在物質文明發展上的差異。換句話說，個人與人為因素，思想與價值都不在這類比較歷史中占據任何明顯位置。[24]

歷史，尤其是思想史專業研究者極少涉及比較，尤其是跨文化比較，原因不難想像。史學傾向於在材料的蒐集與閱讀力求全面，在解釋觀點上盡量通融。在今日學術高度專業化的時代，想要像漢代「通一經可以為博士」那樣「通一史」已經非常難得，絕大多數史學從業人員可能會認為，與其籠統地拿兩種歷史做比較，不如好好將一種歷史處理得精細，解釋得圓滿。換句話說，如果要從事比較思想史研究，一定需要逆著此一普遍心理而行，不認為實證意義上的精細與單一脈絡上的圓滿是史學實踐唯一的方法。

---

20 對軸樞時代概念的背景、起源有興趣的讀者可以參考有用的介紹性論文John D. Boy & John Torpey, "Inventing the Axial Age: On the Origins and Uses of an Historical Concept," *Theory and Society* 42: 3 (May 2013), pp. 241-259. 此文也討論了此後學界對於此一概念的批評，例如回教文明與日本古代文化的地位問題等等。美國藝術與科學學院出版的 Daedalus 學報在一九七〇年出版過討論軸樞時代的論文集。據說這是研究中國思想史的史華慈（1916-1999）提議規劃的論文集。

21 Walter Scheidel, "Comparing Comparisons," in G. E. R. Lloyd and Jingyi Jenny Zhao, eds., *Ancient Greece and China Compare* (Cambridge: Cambridge University Press, 2019), p. 40.

22 例如上世紀六〇年代以華勒斯坦為代表的「世界體系」理論。這個現象其實不難理解，因為二十世紀學術史中具有世界史意義的比較歷史或多或少與資本主義研究有關，尤其是馬克思與韋伯的傳統影響很深。

23 政治學者 Theda Skocpol（1947-）的著作 *States and Social Revolution: A Comparative Analysis of France, Russia and China* (Cambridge: Cambridge University Press, 1979) 最早就是以論文形式發表在這份學報。

24 Kenneth Pomeranz, *The Great Divergence: China, Europe, and the Making of the Modern World Economy* (Princeton: Princeton University Press, 2000).

更進一步說，許多以個別知識分子或思想家為核心的研究，雖然看似不從事比較研究，其實其真正的研究或學術價值，必然是在比較的視野中呈現的。研究盧梭，非常需要將他與其他契約論者如霍布斯、洛克做比較，需要與主流百科全書派的物質主義者如狄德侯做比較。若討論盧梭的音樂理論，則需要與拉莫（Jean Philippe Rameau, 1683-1764）的音樂理論做比較，討論盧梭對語言發展的看法，很可能會與孟博多（Lord Monbodo, James Burnett, 1714-1799）的語言學做比較。總之，歷史研究的重要使命之一，就是說明研究對象的獨特性、貢獻、影響與時代意義，如果沒有與當時其他作家或重要觀念做比較分析，上述這些目標都不太可能企及。說的更極端一些，一位有高度意識的史學工作者在選擇研究主題時，早已經做了許多比較思想史的工作，最終才決定選擇讀者所看到的研究主題；研究者所做的每一句重要的歷史論斷，其實也是在比較的過程中得出的看法。

近來歐美學界討論「比較思想史」時多半將它與全球思想史概念連繫在一起。例如摩瘫在談全球思想史時，就認為羅伊德（Georg R. E. Lloyd, 1933-）的希臘與中國古代科學史比較研究是全球思想史的代表之一。[25] 羅伊德或許是最有意識地從事比較思想史的歐美學者。他早年專研古代希臘科學與科學哲學，在上世紀九〇年代，將研究觸角轉到中國古代科學，並發表一系列的希、中古代科學思想研究。他認為，從兩種（差異極大的）文化對科學的認知，可以讓他更清楚什麼是科學。[26] 羅伊德的意見與心得與前述穆勒說只知道一種宗教等於對宗教無知的道理是相通的——透過跨文化比較，學者能從兩種或更多種不同的思維與文化操作體系來理解科學或宗教，甚至進而了解不同社會各自的獨特之處。[27]

跨境思想史研究處理觀念的「接觸」與「異地延續」，比較思想史則是史家以第三者的角度，將兩種或多種未曾相逢、接觸的文化與思想並列分析，論其異同與各自的意義。換言之，比較思想史研常常是對於一元化、全球化現象的反省，甚至阻抗。在東亞知識圈裡，比

---

25 Samuel Moyn, *Global Intellectual History*, p. 8. 亦可參見 Dag Herbjørnsrud, “Beyond decolonizing: global intellectual history and reconstruction of a comparative method,” *Global Intellectual History*, 6: 5 (2021), pp. 614-640

26 Geoffrey E. R. Lloyd, *Analogical Investigations: Historical and Cross-Cultural Perspectives on Human Reasoning* (Cambridge: Cambridge University Press, 2015); Geoffrey E. R. Lloyd, *Ancient Worlds, Modern Reflections: philosophical perspectives on Greek and Chinese science and culture* (Oxford: Clarendon Press, 2004); Geoffrey Lloyd and Nathan Sivin, eds., *The Way and the Word: Science and Medicine in Early China and Greece* (New Haven: Yale University Press, 2002).

27 他們的意見與德國哲學家迦德美（Hans-G. Gadamer, 1900-2002）說的視域的融合（fusion of horizons, Horizontverschmelzung）也是同一個意思——人理解世界一定受到自身文化背景、性別、宗教等因素影響，是為「視域」（horizon）。傾聽另一種視域，才能讓我們對於世界有更好的理解。迦德美說：「認知與了解一定是在他們〔史家〕身上同時存在的兩種視域的融合。」迦德美此處所謂兩種視域是指過去與現在。我們也可以說試圖了解彼此的西方人或東亞人都會經歷視域的融合。Joel C, Weinsheimer, *Gadamer's Hermeneutics: A Reading of Truth and Method* (New Haven: Yale University Press, 1985), p. 183.

較思想史研究較諸歐美更有自覺，更為活潑，部分原因正是因為從十九世紀晚期開始，中、日都經歷了深刻的西化的歷程，面對歐美強勢文化的洗禮，固有文化該如何自處，成為了知識分子無可迴避的問題。東亞學者咀嚼、磨合新舊觀念的經驗，使得他們對於「比較」作為一種方法，更加敏銳。[28]這些東亞知識分子在接受、批判、調和自身傳統文化與歐美文化，固然有各自的立場，但他們無疑的共同滋養了比較思想史的園地。例如日本思想家丸山真男（一九一四—一九九六）借用許多西方政治哲學的概念如「決斷者」來詮釋日本政治思想，將日本古學者荻生徂徠（一六六六—一七二八）比擬為日本的霍布斯，認為他提出「聖人決斷」的概念是日本政治現代性的初露；總之，丸山透過許多歐洲思想史與日本思想史之間的類比，來檢視日本現代政治的缺失。[29]

余英時在許多地方提到他在中學最後一年透過胡適的評論而接觸到梁漱溟於一九二一年出版的《中西文化及其哲學》，是一場人生價值觀嶄新而關鍵的啟示——從此他一生的史學思考與寫作都離不開「尋找中西文化不同的根源所在」這個母題。[30]梁漱溟的《中西文化及其哲學》在當時是本影響深遠的大書，書中用判教的方法，評騭中國（儒家）、印度、歐洲哲學思想的優劣。本書的出版適逢第一次世界大戰結束，歐洲傷亡慘重，經濟凋疲，以致於有許多思想家認為東方文明或許是人類下一步應該選擇的道路。許多西方知識分子例如羅素，紛紛來到中國訪問，泰戈爾（Rabindranath Tagore, 1861-1941）、辜鴻銘（一八五七—一九二八）等人所代表的東方智慧在歐洲受到高度讚譽。「中西比較」預設了平等視之的觀點，各自的文化主體與歷史發展各有其特色。這也是為什麼余英時認為梁漱溟的著作可以幫他撥開當時籠罩著史學界的「歷史演進一元論」的陰霾的原因。[31]

28 歐美學者在討論文藝復興人文主義思想從地中海北傳，討論懷疑主義從荷蘭、法國向外傳布，討論牛頓世界觀向歐陸傳遞等等歷史過程時，泰半不會用「比較」歷史來描述自己的研究。原因之一或許是歐美國家自認為同是希臘羅馬文化的繼承者，所以在此一大文明傳統中的觀念傳布與繼受，都不牽涉（文化／系統）比較的問題。這個無比較意義的傳遞或許與其「歐洲意識」形成有關。Anthony Pagden, ed., *Idea of Europe* (Cambridge: Cambridge University Press, 2002).

29 藍弘岳，〈儒學與日本現代性——丸山真男與日本現代性〉，《文化研究》二五（二〇一七），頁四三—八〇。渡邊浩反對丸山真男以黑格爾的觀點為前提，討論東亞政治思想。渡邊的日本政治思想史努力以當時日本人所使用的語言，以日本人對於自身社會的觀察與描述來重建政治思想，代表了日本政治思想的歷史主義。渡邊浩，《日本政治思想史：十七～十九世紀》（東京：東京大學出版會，二〇一〇）。但另一方面，渡邊浩深信丸山真男的教誨，歷史與觀念都必須在多語言與多文化比較的框架下，才能得到更精準的掌握。渡邊浩著，區建英譯，〈前言〉，《東亞的王權與思想》（上海：上海古籍出版社，二〇一六），頁一—六。渡邊的「東亞思想史」強調漢字文化圈的相關條件，以及各政治社會表述觀念的細微差異，蘊含著東亞思想世界內部的辯證性關係。其「東亞」，隱約是「歐洲思想史」的鏡像。

30 余英時，〈代序〉，《論天人之際：中國古代思想起源試探》（新北：聯經出版事業公司，二〇一四），頁三。

31 余英時，〈代序〉，《論天人之際：中國古代思想起源試探》，頁三。余在別處論道：「相形之下，從比較史

余英時後來在解釋中國古代文明的特色時，引用雅斯培軸樞時代／哲學突破的框架，目的是要用涵蓋性的比較平台，讓不同歷史發展的特質可以顯露出來。余自述道：「與其他文明做大體上的比較時有助於闡明中國『哲學突破』的性質。無論是同中見異或異中見同都可以加深我們對中國思想起源及其特色的認識。希臘、希伯萊、印度都曾有『突破』的現象，一方面表示古代高級文明同經歷過一個精神覺醒的階段，另一方面則顯出中國走的是一條獨特的道路。」[32]余英時所認為的中國在哲學突破的關鍵時期所展現的思想獨特之處包括了強調「德」、「禮」、「仁」的連續關係，強調「內向超越」以及強調「天人合一」等等。[33]軸樞時代作為一種理論架構對於余英時之所以重要，部分原因在於它承認古代幾大文明都同時具有世界史意義的思想創造。[34]余英時一生的思想史研究幾乎都集中在討論「中國思想變遷」，一方面固然是要反駁歐洲十七世紀以來的中國停滯論觀點，另一方面則是希望說明中國思想的變，是與歐洲歷史不同路徑的變，是在傳統中的變異。

狄百瑞（Wm. Theodore de Bary, 1919-2017）及其學生錢新祖（一九四〇—一九九六）同樣是注重比較思想史的學者。狄百瑞曾經出版《中國的自由傳統》（*The Liberal Tradition in China*, 1983）一書，認為中國傳統思想尤其是儒家思想也有個人主義（individualism）與自由（liberality）這些概念與價值，它們並非西方所獨有。[35]狄百瑞認為宋明以來的新儒學強調為學「自得」、「為己」之學、「修身」、「自任」於道、「敬」、「自謙」等等觀念都說明新儒學強調個人責任的努力。狄百瑞結語道，中國宋明儒學對於自我或個體的注重，與莫瑞（Gilbert Murray, 1866-1957）對於自由主義觀察沒有明顯不同：「有閒的優勢（privileged）階級努力將自身的優勢擴展至外圈人士，致力於思想與討論的自由，同時追求個人良心的自由體現（free exercise）與共善的提升。」[36] 狄百瑞認為，中國自由傳統在黃宗羲（1610-

---

（comparative history）的角度研究多元文明（或文化）的人則往往能對不同文明抱持著同樣尊重的態度。」余英時，〈代序〉，《論天人之際：中國古代思想起源試探》，頁七。

32 余英時，〈我與中國思想史研究〉，《思想》，八期（二〇〇八年三月一日），頁一—一八，頁八。亦見於余英時，〈中國思想史研究綜述——中國思想史上四次突破〉，收入《中國文化史通釋》（香港：牛津大學出版社，二〇一〇），頁一—二一。

33 余英時，《論天人之際：中國古代思想起源試探》。早在上世紀八〇年代初，余英時就已經注意到軸樞時代的課題。經過幾十年的反覆思考，余先生在不同時期分別以「哲學突破」、「軸心時代」、「軸心突破」等可以相互置換的名詞來理解中國古代思想史的「大事因緣」。見余英時，《中國知識階層史論》（新北：聯經出版事業公司，一九八〇），頁三〇及以下。

34 前面提到波卡克認為世界思想史的研究契機在於發現思想史上的軸樞時代。波卡克雖然沒有明講，但他心中顯然有雅斯培的影子。

35 Wm. Theodore de Bary, *The Liberal Tradition in China* (Hong Kong: The Chinese University Press, 1983)。中文譯本參見狄百瑞 著，李弘祺譯，《中國的自由傳統》（新北：聯經出版事業公司，一九八三）。

36 Wm. Theodore de Bary, *The Liberal Tradition in China*, p. 65. 亦見狄百瑞著，李弘祺譯，《中國的自由傳統》，頁

1695）的思想，尤其是他著名的《明夷待訪錄》中得到更高度的發展，原因是黃氏提出了注重法制與教育的重要，儘管他的自由思想與自由態度並未宣稱包容一切。[37]

錢新祖的比較思想史思路是狄百瑞比較思想史的精緻化。狄百瑞的論辯對象很可能是費正清（John Fairbank, 1907-1991）的中國傳統論——中國需要西方的現代挑戰來獲得重建或重生。[38] 狄百瑞認為，中國傳統本身便具有足以開展現代生活的思想資源——儘管那改良主義的自由傾向並非自由民主主義。錢新祖評論道，西方人認為中國社會缺乏現代性因子的觀點與黑格爾（中國沒有革命，沒有歷史）、韋伯（只有西方才有資本主義所代表的倫理價值）密切相關。錢新祖認為，黑格爾、韋伯等人這種「缺乏論」是因為他們對中國歷史文化缺乏真正的了解。他以非常哲學化的方式指出，中國與西方都有各自的人文主義與個人主義。他稱中國（式）人文主義為「內在人文主義」（intrinsic humanism），西方人文主義為「外在人文主義」（extrinsic humanism）；中國個人主義為「關係性的個人主義」（relational individualism），而在西方則為「原子性的個人主義」（atomistic individualism）。[39] 錢新祖認為，中西思維模式的最大差異關鍵在於西方有超越的神與被創造的人，所以西方人文主義要能抬頭，就必須將神中立化（neutralize），而既然每個人都是神所造，他們彼此之間欠缺中國思維模式下的「有機關係」，因此呈現的是原子式的關係。在錢新祖的觀念裡，人文主義是指抬高人的尊嚴，個人主義指肯定個人的價值，這些傾向在中國傳統思想中存在已久，只是「形態」與西方不同。[40]

許多思想史家都很精細而謹慎地提醒讀者，歷史學者不應該不經反省地以西方史觀研究中國或亞洲歷史。例如錢新祖、渡邊浩等人都對西方近代性、目的論式的歷史解釋抱持著高度的警醒與懷疑。[41]這意思其實也就等同於巴特費爾德所說的，史家應該同時避免輝格史觀與現在主義的態度，不將歷史寫成一部持續進步的故事，也不用後人的政治語言與價值去訓解古人的思想。或許從最嚴格的歷史主義態度來說，以「人文主義」或「個人主義」來分析、理解任何傳統中國思想家、學派、時代都是時代錯置的作法——如果我們不該從中國史中尋找現代性，不該追問為何中國沒有科學革命、工業革命，那本也無須為中國沒有個人主

---

七四—七五。

37 Wm. Theodore de Bary, *The Liberal Tradition in China*, pp. 84-85.

38 Wm. Theodore de Bary, *The Liberal Tradition in China*, pp. 89-90.

39 錢新祖，《中國思想史講義》（台北：台大出版中心，二〇一三），頁四三—四四。

40 錢新祖，《中國思想史講義》，頁四四。

41 雖然師從丸山真男，渡邊浩理解東亞或日本思想史的方式，其實是放棄、批評以西方現代性作為預設或前提。參見渡邊浩著，區建英譯，《東亞的王權與思想》。錢新祖，〈近代人談近代化的時空性〉、〈中國的傳統思想與比較分析的「措辭」（rhetoric）〉，《思想與文化論集》（台北：臺大出版中心，二〇一三），頁三—一六、頁七一—九〇。

義或人文主義而感到悖悖然。前述對希臘與古代中國科學與哲學思想比較素有研究的羅伊德也觀察到，在古代中國社會裡責任的核心在家庭而不在個人。社會身分決定誰可以做什麼，不能做什麼。反觀，在古希臘，法律地位才是核心，但不同的人的法律地位則不盡相同，例如女性低於男性家長。[42]但是，中國傳統思想中有關「我」、「己」、「自」、「身」的論述，是否真的都沒有法律上的「個人」或個體意義？如果答案是確定的，那是否就表示傳統思想與現代思想存在一大鴻溝，必須另創一只長梯來接渡？這些問題儘管重要，顯然遠遠超出筆者能力以及本書篇幅。此處我們深感興趣的問題是，無論我們採取何種比較思想史的方法與策略，我們都無法迴避比較，因為我們都同時吸收、經驗了傳統與現代兩種文化制度與語境。我們甚至應該說，我們必然是在無盡的思想與概念的比較中，才漸漸釐清所謂傳統或所謂現代的世界。

柯靈烏說「所有的歷史都是思想史」（All history is the history of thought）。這句話對於近幾十年努力倡議所謂物質文化的歷史學者而言，或許很難稱得上是真理。但如果說所有的思想史都是比較思想史，應該很接近真實。分析與比較是人類獲得知識的基本方法，殆無疑義。比較的目的，就是甄別出物與物之間，觀念與觀念之間的差異。既然歷史研究的目標在於解釋重大歷史事件的特殊原因，描繪不同人物、社會、國家、時代的獨特風貌，比較與分析必然是時刻運用的方法。先秦諸子百家當然有其相類似的社會背景，思想史研究雖然也揭示它們之間的共同關懷，但更重要的工作恐怕是在於揭露他（它）們之間重大且關鍵的差異。儒學史著名的荀子與孟子的人性論差異、「朱（熹）陸（九淵）異同」等等課題也是關注重要哲學思想的異同及其對後世的影響。中國思想史學者所關心的思想轉型問題如先秦思想轉型、魏晉新思潮、唐宋轉型、明清轉型、近代轉型也都是透過前後時代的比較而得出的歷史判斷。[43] 而這些所謂變化，並不是人人可以驗證的事實，也未必是當時人的自覺或當時的歷史意見，而是思想史研究者以第三者角度去理解、權衡、判斷、建構出來的課題與結果。

比較思想史之所以對中國或東亞思想史學者有著難以言說的吸引力，更關鍵的原因可能是因為這些觀念已在一百多年的歷史攪動與文化融合中潛入我們日常的思想之海與學術語言網脈，已成為我們講述、分析自身歷史不可或缺的座標——無論我們採取何種評價與

42 G. E. R. Lloyd, *Ancient Worlds, Modern Reflections: Philosophical Perspectives on Greek and Chinese Science and Culture* (Oxford: Clarendon Press, 2004), pp. 156-157.

43 陳弱水，《唐代文士與中國思想的轉型》（台北：臺大出版中心，二〇一六）；王汎森，〈中國近代思想史的轉型時代〉，收入王汎森編，《中國近代思想史的轉型時代》（新北：聯經出版事業公司，二〇〇七）。

態度。[44]即便是二十世紀最著名的中國歷史主義史學家，[45]「一生為故國招魂」，學貫中國傳統經史子集四部之學的錢穆經常在其著作（尤其是通俗演講）中，將中國歷史與西洋歷史做比較。即便撇開對中西文化做泛泛的比較，我們很難不用現代的「正義」、「平等」概念理解我們的生活世界；我們也很清楚，當我們試圖理解古代文獻中的「仁義」、「義利之辨」時，它們與現代語境中的「正義」存在一定的相似以及關鍵的差異。但正是因為這種自覺，使得我們可以進入古代文獻，辨識其特殊義蘊，正如熟悉古代思想中的「義」，可以讓我們更清楚今日所謂正義究竟所指為何。同理，無論我們是否同意狄百瑞的論斷，認為傳統中國有自由思想的傾向，我們依然可以透過「自得」、「自在」、「為己」等概念與「個人主義」概念之間的協商與相互闡發而受惠。

另一方面，雖然中文或日文學界對於「比較思想史」一點也不陌生，但「比較思想史」尚遠遠不足以稱之為科目或次領域。它不像政治學中的「比較政府」、「比較憲法」，或宗教學的「比較宗教學」等等[46]，已是行諸有年，普遍被認可，甚至對其母科有獨特貢獻的學科或次領域。「比較思想史」還停留在「試驗」的階段，停留在方法論的嘗試的階段。我們可以用「熖」來形容目前比較思想史的狀態——雖然有些學者實踐此術，但迄今少有人公開提出此一次領域或此一獨特方法的優點，好比火苗是存在了，但尚未見到火焰。比較史之所以未成氣候，或許與歷史學本身的特質有關。無論我們如何抱怨國族主義的歷史，如何倡議要開闊視野，超越國族，擁抱世界，從十四世紀以來，歐洲歷史的發展，確確實實就是以國家為主要單位，尤其是國族語言的逐漸興起與完備，使得有關風俗、習慣、思維、制度、文學的史料與紀錄都受到國族—語言的重大影響。儘管國族的（思想）史如此深刻而緊要，但國際思想史與跨境思想史無疑讓思想史研究進入更為廣袤的歷史空間，挖掘與回應國族思想史所無法企望的議題。至於比較思想史除了提供東亞歷史學者資以分辨歷史語言與觀念之異同的路徑與場域，同時也提供了歷史研究者多角觀點的可能。

總之，儘管比較史在實際史學書寫上尚不多見且成功不易，但她對歷史繆思常常有意圖之外的引導之功。例如，儘管有論者認為中國有無工業革命，科學革命，資本主義等等比較課題是「時代錯置的問題意識」，但學界曾經因為這些課題進而注意到宋朝以降的地方經

44 黃俊傑精確地指認，徐復觀（一九〇四—一九八二）的思想史研究的兩大特點是整體論與比較觀點。見黃俊傑，《東亞儒學視域中的徐復觀及其思想》（台北：國立臺灣大學人文社會高等研究院，二〇一八），頁三二以下；黃俊傑，〈從中日比較思想史的視野論經典詮釋的「脈絡性轉換」問題〉，《台大歷史學報》（二〇〇四）；黃進興，〈「聖賢」與「聖徒」：儒教從祀至與基督教封聖制的比較〉，《中央研究院歷史語言研究所集刊》，七一：三（二〇〇〇），頁五〇九—五六一、七二七—七二九。

45 胡昌智，〈錢穆的《國史大綱》與德國歷史主義〉，《史學評論》六（一九八三），頁一五—三八。

46 Louis Henry Jordan, *Comparative Religion: Its Genesis and Growth* (New York: Charles Scribner's Sons, 1905); Mircea Eliade, Rosemary Sheed, trans., *Pattern of Comparative Religion* (New York: Sheed and Ward Inc., 1958).

濟、技術產業、博物之學、城市經濟、士商相混社會等課題，全面性的加深了中國史研究的能量，則是不爭的事實。誠如前述，因為東亞的西化與現代化歷程，使得接受西方觀念、語言成為了此間的日常課題與練習。西化與東亞現代化與傳統之間有明顯的語言與世界觀的斷裂，使得依賴觀念與語言的思想史研究者，意識到他在理解歷史中的觀念與價值時，無不時時刻刻遭逢程度不一，深淺不同的思想（史）比較。在歐洲史著作中同時闡述萊布尼茲、狄德侯、康德、休姆，甚至西賽羅、柏拉圖，作者們並不會覺得他在從事比較思想史。中國史中的朱陸異同問題，也不會被歸為比較史，原因是他們使用同一套思想語言，同一套文法與辭解。關鍵是西化與現代化所造成的語言斷裂，讓研究者深刻自覺踩在兩個世界之中。歷史學者其實是引渡人，他把過去召喚出來，呈現在現代人眼前，同時也將現代人引渡到過去之境，聽著恍惚熟悉的人事，這是古代之所以「巫」、「史」難分的原因。而思想史家的引渡法門就只能是語言。我們可以選擇不做全方面的，或國族之間的思想史比較，也可以慎選比較對象與課題，加強對於不同歷史以及語言脈絡的理解，以避免簡單的比附，但想要完全跳脫古代文本與現代語言之間的比對、分析與纏鬥，就等於放棄了引渡人的工作。

# 第十二章 結論

中西現代思想史研究與寫作實踐都已超過百年；因社會環境的變遷，學界關懷與風潮的影響，而有跌宕起伏，興衰不一的命運。有論者以為，思想史在當代歐美學界有衰微的趨勢。[1]此一說法或許有幾分道理。上世紀八〇年代北美新文化史與「物質轉向」的史學發展的確讓觀念史研究看起來不若過往那般興盛。不過我們之所有會有歐美思想史研究沒落的印象，主要是從歷史系教師的學術專業與興趣觀察而得。但就在舊的門關上的時候，新的門開啟了——目前思想史研究者的跨學科背景以及思想史研究社群的多元背景其實也是史無前例的現象。

思想史原本就有明顯的跨學科特性，研究者需要對史學有一定的認識與浸淫，也需要對文本文字有一定敏感度，並有掌握並分析觀念的能力，所以思想史研究本身就有跨文、史、哲學科的特性；如果研究主題牽涉科學、醫學等等學科，所需要的知識層面就更廣。不過現今英語世界思想史的跨學科特性不只表現在這門知識的性質上，還表現在共同研究者的學科背景與職業單位——思想史研究社群的組成是由許多不同學科背景的人員組成。此一現象說明了為何雖然思想史表面上看不屬於史學領域的「主流」，但思想史期刊以及研究能量卻相當可觀。在經過上世紀六〇年代英國社會史與勞工史的輝煌歲月，八〇年代至九〇年代北美新文化史的引領風騷之後，自二千年開始，英語世界的思想史學報卻屢見新創。除了老牌的《觀念史學報》以及《歐洲觀念史》（*History of European Ideas*），本世紀之後出現的思想史學報至少有《現代思想史》（*Modern Intellectual History*, 2004創刊），《思想史評論》（*Intellectual History Review*, 2007創刊，原本稱為*Intellectual News*），《全球思想史》（*Global Intellectual History*, 2016創刊），《南亞思想史學報》（*Journal of South Asian Intellectual History*, 2018創刊）等等。文章的作者來源至少包括了歷史系、哲學系、政治系、社會系的師生。與其說此一現象是觀念史或思想史的復甦，[2]不如說是經過幾波的方法論辯論之後，學界對於思想史的核心關懷、寫作規範已經有初步的共識——同時注重分析文本與擴大詮釋脈絡，注意思想家所要強調的話語重點，同時關注時代的特殊性。這使得不同科系背景的作者可以在一定程度上溝通，成為廣義社群的一分子。[3]

---

1 「很多人都注意到，近來中國學術界有一個特殊現象，即在西方學界思想史研究領域譜片漸漸衰落時，在中國，思想史研究卻仍是熱門，這不能不說是一個既反常又合道的事情。」葛兆光，〈什麼才是「中國的」思想史？〉《文史哲》，三（二〇一一），頁七四—七七。

2 Darrin M. McMahon, "The Return of the History of Ideas?" in Samuel Moyn and Darrin McMahon, eds., *Rethinking European Intellectual History*, pp. 13-31; Rosario Lopez, "The Quest for the Global: Remapping Intellectual History," *History of European Ideas*, 42: 1, pp. 155-160.

3 與綜合性思想史學報相比，專業哲學史家的同儕學報如 *Kant-Studien*, *Hegel-Studien*, *Hume Studies*, *Adam Smith Review*, *Journal of the History of Economic Thought*, *History of Political Thought*, *Journal of Political Thought* 等等學報的投稿人背景顯得單一，所以作者所要對話的對象也比較固定，比較有高度選擇性。

值得一提的是，在本書撰寫期間，幾所英語世界重要教育機構都宣稱有為數可觀的思想史師資（Intellectual History Faculty）。例如芝加哥大學列舉了二十名從事思想史研究與教學的教授，[4]哈佛大學列舉了十六位思想史教員，[5]牛津大學也新成立了「思想史研究中心」，並宣稱有四十五位思想史教員與十二位研究員，[6]而劍橋大學竟然有四十八名各級講師教授思想史與政治思想。[7]當然，單從數字並無法真正說明思想史研究的活潑樣態究竟為何，是否有實質意義與內涵。仔細看這些被歸類為思想史研究與教學的學者，其專業原本可能被歸類在科學史、醫療史、文化史等領域，這現象既說明了人們逐漸從更寬泛的角度理解思想史，也說明了史學中各個次領域都已開始更嚴肅的討論觀念、價值、意識形態的問題。此一現象或許值得比較細緻的研究，但此處只能稍作預言式的簡短解說。

誠如前述，英國學術有以史學為入口，探究人文世界的傳統，但此波機構的思想史人才集合，恐怕不是此一傳統的重現或發展；其部分原因或許是機構為凸顯特色以招徠學生或在大學競爭排名中得到利基的做法，簡言之，是種商業策略。即便如此，如果希望這些次領域以及次學科的思想史人才的聚集，成為真正的思想史社群，而不僅僅是同時入住「思想史旅館」的獨立個體，那他們除了方法論的分享外，應該尋求更多共同關心的議題，但各自保有原本次學科的研究特色，這或許可以讓彼此的次學科，成為思想史的多軌發展，而不是彼此消融或甚至化約入思想史單一次學科。醫療史、文化史、經濟史、科學史、藝術史或美學、政治學對於身體或生命當然都有過關注，如何讓生命之觀念作為各種次學科所共享的語言脈絡，再透過不同次學科的獨特取徑與研究習慣，而呈現巴赫金所謂的 heteroglossia（中文世界似乎多半將此字譯為「眾聲喧嘩」，但「喧嘩」一詞容易讓人聯想到吵雜與輕薄短小的後現代情境，若此，則與巴赫金的時代背景與關懷有不小差距。筆者以為譯為「一語眾聲」或許更恰當。惟此處所謂「語」是語境的意思，而非僅僅是說話）。

幾十年來英語世界思想史的發展對於中國思想史研究有何啟示？這是個不易回答，卻必然會持續縈繞於每位思想史工作者心中的問題。在此我們只能提出中國思想史的一大特色來作為思考的起點。相較於歐美思想史學界，中國思想史研究比較偏重學術、道德、美學等課題，而不特別著重於政治思想。[8] 反觀歐美思想史研究或可說是以政治思想為核心，連結

4 https://history.uchicago.edu/taxonomy/term/39。

5 https://history.fas.harvard.edu/theme/intellectual-history。

6 https://intellectualhistory.web.ox.ac.uk/。

7 https://www.hist.cam.ac.uk/theme/political-thought-and-intellectual-history。

8 陳弱水在十年前一篇文章中已經精準認識到這個現象與問題，「中國思想以現世關懷著稱，……『治』的問題在中國思想史研究中隱晦不彰，是相當諷刺的。」見陳弱水，〈導言〉，收於陳弱水編，《中國史新論‧思想史分冊》（新北：聯經出版事業公司，二〇一二），頁八。即便如此，一九六〇－七〇年代，台港仍舊有些重要的史家出版過重要的政治思想史論文，例如徐復觀，《周秦漢政治社會結構之研究》（一九七二），後收入

經濟、國際關係、道德等課題的觀念分析。錢穆在一九五二年出版了《中國思想史》。本書以時代為經、人物為緯，介紹中國兩千年思想梗概。體例仿效胡適的《中國哲學史》（一九一九）截斷眾流的作法，從春秋時期講起，大抵以儒、老、法家為主，揀擇幾位代表人物出場介紹。秦漢時代講《中庸》、《大學》、〈禮運〉，人物講鄒衍（前三〇〇？—二四〇）、董仲舒（前一七九—一〇四）。魏晉則選了王弼（二二六—二四九）、郭象（二五二—三一二）為代表。唐代講慧能與禪宗（六三八—七一三）。宋代講理學，明代講心學，明末講對心學的反省。清朝之後只列戴震（一七二四—一七七七）、章學誠（一七三八—一八〇一）、孫中山三人。就像多數教科書式的作品，這是述而不作的介紹性文章，扼要講出思想人物的關懷重點，引用幾句原文，加以疏解。其中所述，主要涵蓋知識論、人性論、宗教觀，但幾乎不包括政治思想。這其實也是爾後多數中國思想史研究的特色，關注於人性論、宇宙論、理學、心學，卻少觸及政治秩序、價值與觀念。

中西思想史研究重點之所以有如此明顯差異，各自的學術傳統不同當然是其主因。誠如前述，從梁啟超開始，中國思想史就與學術史高度重疊。此後胡適與馮友蘭引領「思想界」的《中國哲學史》橫空出世，也都是以學術發展與哲學觀念為主要分析對象。當梁啟超、胡適、馮友蘭等人努力整理傳統學術與哲學史的同時，中國也正處在大步朝向西方政治價值如共和、主權國家、民主、自由、平等、人民主權，人民民主的時代，傳統政治（思想）史因此乏人問津。或許可以這樣說，在多數知識分子還來不及思考如何從傳統政治思想資源來因應革命化的、激進的政治變革之前，十九世紀中葉張之洞提倡的「中體西用」學說，至此已經完全疲軟。[9] 一九二〇年之後，無論是主張自由、民主、社會主義、共產主義的知識分子，或所謂改良派與革命派，若不是西體中用或西體西用的擁護者，至少是以西方政治理念為新中國的法律與政治制度的基礎，直到最近，中體說才又在民間學者間傳開，但學術界對此回應上不太熱絡，更缺乏擲地有聲的中國政治哲學論著的出現。

歐美政治思想史研究之所以生氣勃勃，主因是從十七世紀歐洲開始所迸發的政治語言、觀念、價值與今日人類的生活價值之間仍有清晰的延續關係。反之，如何研究仁政、聖人、三代、民、君子、大夫、郡縣封建之爭等等傳統政治語言，既可以不讓讀者感覺是在介紹與當代（後工業、後民主、後殖民）社會無涉的枯槁觀念，又沒有以當代觀念強解古人思想的

---

《兩漢思想史》（卷一）（台北：台灣學生書局，一九八五），沈剛伯的〈方孝儒的政治學說〉，《沈剛伯先生文集》（上）（台北：中央日報出版部，一九八二），頁一七六—一九二。如何用一九七〇年代之後的思想史研究方法，重訪他們所歷之地，並且有意識地離開舊地，尋找新世界，絕對非常值得深思與實踐。

9 這也是嚴復（一八五四—一九二一）之所以能寫出〈闢韓論〉（一八九五），批評中體西用觀念的背景。當然，一九一二之後的政治史與政治思想研究就頗為可觀，但無法在此詳述。

重大瑕疵，是項艱鉅的挑戰。[10]前面說過，歷史學是為了理解過去而不是為了目前的利益而存在。只是我們相信，人類社會一定會從理解過去得到理解當代的有效方法或靈感，籠統地說，就是過去與當代的聯結。但此一相關性不必然要由歷史學者自己定義（規定），而可以由讀史者自行感悟，就如同看戲或閱讀小說的人不乏有自己的心得。即便如此，經歷深刻的政治文化與語言變遷的中國思想史學者如何能召喚過去的政治思想，活潑潑的呈現在現代讀者的面前，恐怕依舊是學者們無法迴避此項挑戰；或者應該說，正因為如此，中國思想史學者恐怕無法迴避此項挑戰。沒有以政治史為主幹，國族史就不可能；而沒有政治思想史，國族史就失去了的血肉。二次大戰期間蕭公權（一八九七—一九八一）在四川完成《中國政治思想史》（一九四七初版）。[11]蕭公權的著作顯然是以作為教科書為目標；他對各家各派思想精粹與精髓的掌握，以及對各派思想的統合、概念化，均相當到位。時至今日，此書依然可以作為政治思想史研究者的必要參考書。但此一事實反而也說明了半個多世紀以來中國古代政治思想史研究蹙窘的景況。

近年中國政治思想史有許多重要的研究成果，[12]所謂「蹙窘」是相對於成果更為豐碩，名家更多的「學術思想史」、「哲學史」領域而言。二〇〇三年余英時出版《朱熹的歷史世界》，其特色就是從政治史，尤其是與皇權互動的背景下討論朱熹的思想，從朱熹的行動考察其（政治）思想的意義。此書在中文學界引起許多討論，主要原因恐怕是因為長期以來朱熹在中國哲學或學術思想中長期處於中心地位，但少有學者從政治史角度理解他的歷史地位。[13] 有些評論者認為余氏對朱熹思想的討論不足，有些讚譽他能從政治史中闡述思想的歷史意義。思想史包括「思想」與「歷史」，理想上，這兩者要達到一種平衡。如果思想描述很濃，政治史、社會史、文化史的交代很少，就會像是哲學史的作品，或甚至退化成只是以現代人的語言重述古人作品或言論。如果思想描述很淡，歷史過程敘述的多，就會成為古

10 王汎森以「權力的毛細管作用」為譬喻，結合文化史研究，對皇權、郡縣制度、士人團體三者關係進行研究不失為一種參考。見王汎森，《權力的毛細管作用：清代的思想、學術與心態》（新北：聯經出版事業公司，二〇一三）。

11 幾乎同時，錢穆也在四川完成了《國史大綱》。這兩個重大的學術史事件，顯然有著完全共通的時代背景。

12 例如史衛民，《元代政治思想史》（北京：中國社會科學院，二〇二一）。以研究「王權主義」著稱的劉澤華主編的《中國政治思想通史》（北京：中國人民出版社，二〇一四）是中國政治思想史領域的重大事件，其持續的影響力應該可以預期。此外，天津大學主辦的《政治思想史》學報闢有中國政治思想欄位，持續發表並累積研究成果。

13 余英時，《朱熹的歷史世界》（台北：允晨文化公司，二〇〇三）。對此書寫過書評的學者至少包括陳來、劉述先、鍾彩鈞、吳震、葛兆光、楊儒賓、黃進興、田浩（Hoyt Tillman）、包弼德（Peter Bol）、王汎森等。嚴格說來，只有包弼德與余英時的高足田浩先生是宋史專家。在陳寅恪眼中，宋代是「民族文化瑰寶」，但今日對其政治思想史素有專研，能與《朱熹的歷史世界》對話商榷的著作似乎依然少見。

代文人知識分子的行誼，著述出版編年交代，這會比較像是社會史、文化史的寫作類型。余英時在本書中一再強調文化史、政治文化的概念，顯然是有意為之，因為本書並未對朱熹的重要哲學概念進行分析。本書的特色毋寧是說明以皇帝為中心的宋代朝廷政治，然後將朱熹放在此一政治文化的背景下，加以分析其行止。余英時仔細分析皇帝（孝宗、光宗）的言論、態度、心理狀況，譜畫成宋代士大夫如朱熹的生存實情、政治現實，是史學界少有的妙筆。換言之，在很大程度上，「朱熹的歷史世界」，其實也是程頤、程顥、王安石、陸九淵、葉適等等士大夫的歷史世界。余英時重構了上述這些重要歷史人物的上層政治情境，在這樣特定的情境中，朱熹等人如何想像政治，顯然是後學們極為要緊的追問。甚至，更基本的問題是，我們今日所謂「政治」，是否存在於古人的思想裡？如果古代政治權力來自皇帝，那麼對朱熹與理學家、道學家而言，政治的目的為何？「道統」、「治統」與今日所謂政治彼此是否可以融洽的轉譯？如果我們使用「政治文化」概念去理解宋代君臣的互動，使否已經離開當時歷史世界太遠？可是如果不以今日語言，我們又如何可能召喚古代到今人面前？

借用西方概念、話語、理論是近代中國思想史研究常見的現象；表面上看此一操作原本無可厚非，因為讀者畢竟是浸淫在現代詞彙與概念，卻對古代社會、觀念、用語相當陌生的現代人，沒有適當的語言橋接與轉化，讀者很難掌握過去的世界，興起「原來如此」、「懂了」之感。陶希聖在一九二九年出版四冊《中國政治思想史》，以今日學術眼光衡量，此書依然有可觀之處。本書綿密的以西方政治哲學與社會科學的語言，包括「自然狀態」、「人的自覺」、「氏族社會」、以「樂利」疏解楊朱墨子學說，以馬克思的商品化理論解釋戰國時代的經濟現象等等不一而足。陶氏作為一名傑出的現代知青，或許不無現技（學）的意識，但他或許更相信透過新觀念理解古代文本是召喚過去（文本）到現代世界的重要法門。歷史學者是溝通過去與現代的使者，就是巫史。[14] 或許我們可以將利用現代概念或其他學科語言來詮釋歷史文獻與人物的作法為「巫術」，透過巫術以及巫者的指揮，靜止的與死去的過去在人的認知中重新活了過來。但是，魔鬼藏在細節中，藏在「魅」裡。我們如何確信那些巫術施作可以產生透明的歷史圖像，清澈的呈現祖靈世界，而不是現代子孫自己的欲望之鏡像？很遺憾，我們可能沒有真正可以「除魅」（借用韋伯的術語）的方法。古朗士這類實證主義者相信史家只要展示過去的證據，歷史就會自己說話，顯然對歷史知識過度樂觀。一七五五年十一月一日萬靈節，葡萄牙首都里斯本發生大地震，這是事實，但此事實並沒有說出任何歷史意義，因為古往今來世界上的地震何止千千萬萬。指出此一地震造成五萬人左右喪生，其歷史意義的呈現依舊不大；但是如果進一步指出當時里斯本人口只有約二十萬，再以

14 許多古文明的作史者都源自「巫」。沈剛伯，〈說「史」──為紀念胡適之先生冥誕壽作〉，《沈剛伯先生文集》（上集），頁一九－二九、二二一。

現代科學知識說根據比對分析，推測道此一地震的規模應該是芮氏八・一級，那麼此事件的歷史意義就可能越來越明顯。但以現代科學知識與術語來再現歷史，是否確實恰當呢？[15] 思想史的問題比起這類「客觀事件」更為棘手，有時候此類做法實在出於不得不然。例如我們說古代「國家」、古代「社會」如何如何，腦中浮現的國家與社會圖像其實是現代國家與社會的圖像，畢竟古代中國或歐洲中世紀並無現代意義下的國家（state）與社會（society）的觀念。但如果捨棄這些觀念與詞彙，等於要拆掉我們賴以生活溝通的語言系統。在無法真正去魅的情況下，最好的做法應該就只能仰賴巫者自律，也就是專業化。

學術的專業化是個複雜的課題，它可以指涉師徒制的知識傳承，史家技藝的學習與磨練，也可能指涉韋伯在〈學術作為一種志業〉中所說的價值中立。此處我們著重的是學術社群的建立以及社群對學科的關注、推進與反省。思想史無法真正除魅，但巫者們應該彼此同意，越多人加入討論如何溝通過去與現在的思想世界，對思想史家這個行業越健康，越能走得遠。從某個意義上說，史基納的「少作」〈觀念史中的意義與理解〉之所以能在當代文獻史上持續被討論超過五十年，被引用超過四千次，正是因為英語世界有個強韌的思想史社群的出現，或者說，這篇論文在一定程度上幫助建立了英語世界的思想史社群。社群與專業化的關係常常以學報、機構、會議形式作為存在的指標，儘管個人的認同、研究、學者私下的討論是更為關鍵、更為草根的支撐力量。這些制度性的建立，目的不外乎在於提醒、訓練思想史研究者如何進入「公正的旁觀者」（the Impartial Spectator）的視野來看待自己與他人的工作。所謂公正旁觀者是亞當史密斯提出的觀念，意指人們的道德判斷來自於我們能在感知到別人的情感，雖然感受程度未若當事人之強。以共感為基礎，當我們與當事人無特別利害關係時，我們能依據行為者當時所處情境而做出道德判斷，評斷他的情緒或行為是否合宜，是否過度。再進一步，如果我們將此一道德判斷流程了然於心，內化於自己的心智，我們待人接物就不只會遠離作惡，甚至處處表現得謹慎與合宜。簡言之，這是社會化與道德化同時進行的過程。什麼是好的思想史研究方法，什麼著作是好的思想史作品，相關的判準與理由，也應該是在學術社群中逐漸形成。從社群建立與完善的角度，中文世界顯然起步甚晚。似乎每隔一段時間，思想史界總會有一、兩位橫空出世的才子，但是一、兩朵奇花異果，偉茂蒼樹不足成花園、成樹林。[16]

晚近拜全球（思想）史之賜，學者開始思考是否可以從觀念的操作型定義，也就是不膠

15 根據研究，此一事件是造成現代地震學（seismic science）開始的主因，所以在此之前並無現代概念或工具來表示地震強度。

16 二戰之後享譽中文世界的學者如李澤厚、余英時、林毓生諸人，似乎都不屬於任何社群。當然，中文世界在思想史社群的努力上也沒有交白卷，例如環繞在天津師範大學主辦的《政治思想史》、復旦大學《思想史論叢》以及中央研究院的《思想史》等學報及其相關人士都企圖創造思想史社群。

柱於國族語境的脈絡，比較世界不同的政治體或政治社會，如何構想、使用關鍵的政治觀念。例如「主權」（sovereignty）觀念經常會被正典化成十七世紀西發里亞條約（Westphalia Treaty）所形塑的國家與國家之間契約協定與權力平衡。但在此之前，世界史中早已存在類似主權的觀念，也就是政治權威如何去對待疆界、外族等等的一系列作為與其背後之理據。[17] 換言之，在此研究方法下，主權不一定要與現代國家（state）有必要且充分的連結；主權毋寧成為了理解不同政治社會的一種特殊視角，可以據此觀察包括部落社會與草原「帝國」在內的政治運作與政治文化。此種比較研究固然可以發展接近波卡克心中所設想的世界史，但還是有解消語言脈絡的風險。用葛兆光的話說，傳統中國是以「皇權—天下」來解釋政治上的「內外、華夷與尊卑」，然則天下與「我們」現在所知曉的主權，是否可以相互替代，其歷史解釋是否有關鍵性的差異？由何種語言與觀念所編織出來的中國史會更接近「真實」，更有道理，更令人欣賞信服？無論問題的答案為何，歷史主義式的思想史研究，世界中的比較思想史研究，可能都是未來中國政治史研究者可以關心並發揮所長的課題。

思想史當然不能為政治思想史所限囿。人類是語言的動物，易言之，人是觀念的動物。如果人類的歷史大廈的南基座是馬克思所說的物質，其北基座應該就是觀念；歷史的樓層，是由物質與觀念不斷攪纏、互持、共搭而成的結果。歷史的演化與發展沒有必然的路徑與終點，自然也不會按著知識分子的理想前進。但歷史也絕非漫無目的泛舟，無盡的意外的組合；歷史不是人類潛意識或無意識的集體活動。希爾身為二十世紀英國最偉大的左派史學家之一，可能比任何現在的史家更有資格談論物質對歷史的重要，但他晚年卻致力於英格蘭內戰的思想原因之探索。他綜合法國觀念史家莫訥的話道，「如果法國舊體制的威脅只是來自於觀念，那舊體制就不會有任何危機可言。人民的窮困，政治措施的不當，增加了觀念的反抗力量。只是人們之所以行動，是因為觀念。」[18] 對某些史家而言，希爾的話或許有些武斷，但誠如前述對於北美獨立運動與英格蘭革命的研究回顧，我們發現重大的歷史事件背後，一定與當時人們的所談論的觀念，所擁抱的價值，所關心的信念有著密切的關聯。回看長時間的歷史，人類今天的法律與政治制度、宗教儀式、對其他物種的態度以及環境公約的發起，無一不是對道德、生命、大自然所發出的一連串深刻思考與反省的結果與具體化。人是語言的動物，也是會追問意義的動物。的確，無思無想，全身心沉浸在大理石雕像的紋路肌理，檀香的薰人裊裊是輕鬆而愉快的，但這種無思狀態是生活的例外時刻而非常態，更非涅槃。

17 Zvi Ben-Dor Benite et. al, eds., *The Scaffolding of Sovereignty: Global and Aesthetic Perspectives on the History of a Concept* (New York: Columbia University Press, 2017).

18 Christopher Hill, *The Intellectual Origins of the English Revolution*, (Oxford: Clarendon Press; 1997) p. 4.

上世紀接近尾聲時，隨著東歐共產政權的垮台，人們歡呼著世界歷史的終結；二十一世紀初，人們喋喋道訴全球化的浪潮，允為人類社會的康莊之路。曾幾何時，我們就見證了這些信誓旦旦的預言與潮流的落空與退潮，只因人是會思考的動物，人會因著不同的情境而構建不同的理想，並竭盡所能，用他所擅長的語言企圖說服他的同伴，朝不同的方向前進。希臘神話人物普羅米修斯從天神之處盜火種與人類，而被罰以無止盡運石上山的工作。火種就是智慧與文字；從此人類就不斷的思考，不斷的書寫，不斷的書寫思考。但這不是詛咒，而是人性——只是人需要一位半人半神的父，冒險盜火讓人性有機會實踐。思想史就是這普羅米修斯的人性之學，其使命就是不斷記錄過去的人在想什麼要緊的事，不斷重新說明哪種想法值得記錄，有何影響，何以出現，是否消失……

# 什麼是思想史

2024年6月初版　　定價：新臺幣550元


著　者　陳正國
叢書主編　沙淑芬
校　對　王中奇
內文排版　菩薩蠻
封面設計　沈佳德

出版者　聯經出版事業股份有限公司
地址　新北市汐止區大同路一段369號1樓
叢書主編電話　(02)86925588轉5310
台北聯經書房　台北市新生南路三段94號
電話　(02)23620308
郵政劃撥帳戶第0100559-3號
郵撥電話　(02)23620308
印刷者　世和印製企業有限公司
總經銷　聯合發行股份有限公司
發行所　新北市新店區寶橋路235巷6弄6號2樓
電話　(02)29178022

副總編輯　陳逸華
總編輯　涂豐恩
總經理　陳芝宇
社長　羅國俊
發行人　林載爵

行政院新聞局出版事業登記證局版臺業字第0130號

本書如有缺頁，破損，倒裝請寄回台北聯經書房更換。　　ISBN 978-957-08-7416-7 (精裝)
聯經網址：www.linkingbooks.com.tw
電子信箱：linking@udngroup.com

國家圖書館出版品預行編目資料

什麼是思想史/陳正國著．初版．新北市．聯經．2024年
6月．232面．14.8×21公分
ISBN 978-957-08-7416-7（精裝）

1.CST：思想史

110 113007923